智元微库
OPEN MIND

成长也是一种美好

U0125575

数字化执行力

唐文 著

数字化转型系列

管理者如何拥有经营思维

人民邮电出版社

北京

图书在版编目（ＣＩＰ）数据

数字化执行力：管理者如何拥有经营思维 / 唐文著
. -- 北京：人民邮电出版社，2023.9
（数字化转型系列）
ISBN 978-7-115-62052-1

Ⅰ．①数… Ⅱ．①唐… Ⅲ．①数字技术－应用－企业
管理 Ⅳ．①F272.7

中国国家版本馆CIP数据核字(2023)第110752号

◆ 著 唐 文
责任编辑 刘艳静
责任印制 周昇亮

◆人民邮电出版社出版发行　　北京市丰台区成寿寺路 11 号
邮编 100164　电子邮件 315@ptpress.com.cn
网址 https://www.ptpress.com.cn
天津千鹤文化传播有限公司印刷

◆开本：720×960　1/16

印张：12.25　　　　　　　　2023 年 9 月第 1 版
字数：135 千字　　　　　　　2023 年 9 月天津第 1 次印刷

定　价：69.80 元
读者服务热线：（010）81055522　印装质量热线：（010）81055316
反盗版热线：（010）81055315
广告经营许可证：京东市监广登字 20170147 号

赞誉

企业内在的发展驱动力，来自企业制定战略和实现战略能力的累积，执行是实现战略落地的核心。本书作者所探讨的立体执行力体系，创造性地建构在数字化转型时代支撑企业增长的 π 型结构基础上，一"横"两"纵"一"高"，从"客户"到"人"和"事"再到"增长"，紧密贴合企业实践场景，逻辑清晰、简明扼要，辅以大量生动丰富的案例故事，让人易于理解，给数字技术背景下的管理者在思考战略执行落地时提供新思考，致知致用。

——陈春花 《组织的数字化转型》作者

不要和没有执行力的人讨论战略。优秀的公司、团队和个人，既要有制定战略的智慧，更要有执行战略的能力。

——刘润 润米咨询创始人

唐文先生是我非常欣赏也非常乐于交往的一个好朋友。每次和唐文先生交流，无论是正式交流还是闲聊，又或是阅读他的文章和书籍，我都能获得极大的启发。那么一如既往，这本书也是一样的，我在拿到这本书之后就迫不及待地用了很短的时间把它读完了。读完之后，我感觉收获非常大。从提出 π 型增长结构，到创新和营销双轮驱动，到这个双轮驱动如何寻求全局最优解，再到如何在业务层面拉通，以及人才战役战术目标体系的制定，本书不仅给大家提供了一种系统的结构和创新的思维，还给我们企业家提供了一本具体如何去做的实战指南，这本书价值很大，我强烈推荐。

——曹虎　科特勒咨询集团 全球合伙人、中国及新加坡区域首席执行官

前几天收到唐文兄发给我的这本《数字化执行力》，我用了两天时间拜读完全书，深表认同。今天的中国产业可以用一个字形容——"卷"，企业家们十分焦虑，而这种焦虑主要体现为始终在做事，却无法产生商业价值。要突破这种焦虑，就要在管理思维上突破。数字化执行力字面意思好像讲的是执行力，但和数字化放在一起，讲的就是高维逻辑的管理思维。横向，一方面介绍了以客户为中心的全链路价值逻辑，从创新源头到客户需求，连接专业与商业，寻求全局最优解；另一方面，对竞争激烈的业务，要升维思考、降维打击，站在最优视角，理解问题本质，找准自己的业务对象，赢在起跑线上。纵向则是对横向战略的战役支撑，强化战略执行力，确保由结果变为成果的方法论。除了横纵，本书最后还提炼了战略执行中的控制点，没有控制点，

就容易脱轨与失控。事实上，我认为最发人深省的是全书最后一段：管理绝对不是救火，不能应急，做扎实每一步，防微杜渐，这才是管理的真谛！

——王志国　深圳创维 RGB 电子有限公司董事长

经营思维是个好题目，唐文提出了三轴理论：横轴为"以客户为中心拉通价值流"，纵轴为"建立三层目标管理体系"，高轴为"务实发展路径"，该理论涵盖了商业思维优先、梯队建设和领导力高度重要、构建商业模式（找路）等诸多非常重要的需要实践并不断探索的课题。强烈推荐这本书，开卷绝对有益。

——张鹏国　宇视科技创始人 & 首席执行官

拿到《数字化执行力》就看得停不下来了，强烈推荐想抓住数字化时代红利的朋友们好好读读。

在多年创业和企业培训实战经验的基础上，唐文老师应用系统性思考方式对企业战略、战役、战术及组织、创新、执行等重要课题做了深入浅出的剖析，全面论述了如何建立"π 型结构"的执行力体系以取得好的成果及持续增长——管理学原理几十年前已趋于成熟但难以完整落地，幸运的是数字化转型开启了机会窗口，可以为这些原理的落地提供近乎完美的支撑——建立数字化执行力体系很可能就是企业经营基业长青的法宝。

——雷文涛　有书创始人

自序
一体化战略与执行

在思考商业问题时，你更先关注"为什么"，也就是"Why"的问题，还是更先关注"怎么做"，也就是"How"的问题？

关于"怎么做"的问题，往往显得很接地气。例如：在数字化转型中，如何借用数字化提升执行力？我们恨不得立刻得到一本步骤详尽的操作指南，里面画好了各种结构清晰、注释详尽的架构图、流程图，列出了不能踩的 N 个大坑，然后又列出必做的 N 件事情，再辅以 N 个成功案例。似乎我们只要一一照做，严格执行，数字化执行力就能得到显著提升。

然而数字化转型终究不是旅游探险，提升数字化执行力也不是加强训练、升级装备那么简单。用本书的话来说，它们要解决的问题都是高度不良结构问题。解决这类问题建议不要一下就沉入"怎么做"的层面，而要先把"为什么"思考清楚。

婚姻问题就是高度不良结构问题。你想有美满的婚姻，不是先沉入"怎么做"的层面，也不是听几十堂幸福婚姻课，学几百条婚姻成功秘诀就能保证有美满的婚姻的，而是要先回答清楚——我为什么选择和这个人，而不是和另外的人步入婚姻殿堂。

这个问题至关重要，把这个"为什么"的根本问题回答清楚，后面再思考"怎么做"才有意义。

这就是思考解决高度不良结构问题的特点：从"为什么"开始。

提升执行力，以及用数字化的手段来提升执行力，都属于高度不良结构问题。表面看来，执行力问题是一个组织内部的问题，其实执行力的真正起点在组织外部——所有执行的最终目的都是创造成果，创造客户价值。如果没有为组织之外的客户创造价值，所有的执行无论看起来多么有力或多么漂亮，最终都是毫无意义的。

数字化转型的终极目的是实现可持续高增长，要达到这一目的，就得拉通端到端。

在增量市场中，往往起点端是老板拍脑袋得出的想法，而终点端是老板的满意度。如果增量市场发展迅速，市场需求旺盛，甚至躺着就能赚钱、实现高增长，那么在这种形势下，就算执行力有不足，只要没有造成大的影响，都可以被掩盖过去。

在增量市场中容易取得胜利，而在胜利的光环下，老板往往会高估自己的能力，认为自己的战略定得好才是打胜仗的保障，对执行的问题缺乏深究。如果此时老板真觉得执行有什么问题的话，往往是觉得自己高瞻远瞩看到了远大的目标，之所以最后没有达成目标，就是因为团队执行不力。

这种思维，其实是把战略和执行分割开的思维。

一旦进入存量时代，老板拍脑袋的套路就不太走得通了，常常一拍一个跟头，此时数字化转型就成为寻求持续增长的一种手段。数字化转型要拉通端到端，但起点端不再是老板灵光一闪的想法，而是用户、客户需求；终点端也不再是老板的满意度，而是用户、客户的满意度。

用户、客户需求的特点是始终处在变化中，难以清晰定义，战略就是为了捕捉这种不确定和模糊而诞生的，而在数字化执行体系中，所有的执行表面看起来可以具体化为每个员工每天的详细任务清单，其实这些清单最终要支撑住面向未来、不确定和模糊的战略。

在数字化执行力体系里，战略和执行是融为一体的。

拉通端到端的过程，其实就是应用数字化手段来提升执行力的过程。但能不能拉通，拉通后效率如何，表面看来这取决于采用的数字化手段、产品和服务的先进程度，但其实这些都是解决"怎么做"的问题。最终还是要回到"为什么"的问题来，从成果出发，从客户价值出发。回答清楚这些根本问题，后面"怎么做"的问题才有意义。

本书是一本从"为什么"开始，去勾勒数字化转型，勾勒数字化执行力的著作，而不是一本沉入"怎么做"的细节，把各个数字化转型解决方案做成一个合集的"数字化执行力方案采购指南"。

最后说一个我自己的小故事，我是个好交天下豪杰，喜欢读书的人。2022 年，很多人向我推荐了黄卫伟先生的《管理政策》这本书，这也是他这 20 多年担任华为顾问的智慧结晶。

这本书比较厚，有 700 多页，我一页页细细读来，收获颇丰。

后来在总裁读书会的年会上，我和黄卫伟先生第一次会面，我就向他提到这本书，全书 700 多页，有一段话，令我印象格外深刻，让我一下读出了黑格尔的味道。

黄卫伟好奇地问我是哪段话。我复述了那段话，"从哲学的角度来看，新创企业的定位和使命陈述是在规定企业的'质'。按照唯物辩证法的观点，事物是先有'质'，才有'量'，企业也是如此。"

质和量是哲学的一对基本范畴，但常人往往倾向于关注易于感知、易于量化、易于逻辑推理的"量"，在常人看来，"量"更实而"质"偏虚。就像大家觉得企业的使命似乎只是挂在墙上的一句话，可以一笔带过。殊不知就是要捕捉好"质"的虚，才会有"量"的实。真正的商业高手，总要有由虚生实的能力。

这段话打开了我们的话匣子，我和黄卫伟先生由此做了很多深度交流。

同样，执行力看起来是一个很实的问题，但不从虚的战略，以及飘忽不定、模糊的客户需求出发，这个问题也容易变成无本之木、空中楼阁。

本书没有堆砌流行的数字化执行力的种种手段，而是看本质、抓趋势、不跟风，只看数字化执行力从哪里来，底层逻辑是什么，又会到哪里去，并据此搭建了一个数字化执行力的框架。

只有这样，每个认真思考数字化执行力的人才能从中找到启发。如果你有更多的想法，可以通过我的个人微信二维码加上我，我随时欢迎彼此灵感的碰撞和激发！

唐文

2023 年 7 月

执行决定企业的命运。

对企业来说，有了清晰的战略规划后，执行的任务就是要把战略落地，把事情做成、做好。即使战略方向尚未清晰，也必须先踏踏实实地做好执行，稳固基本盘，为未来的持续健康发展打下坚实的基础，并用执行过程中收到的反馈不断完善战略规划，让战略方向逐步明晰。

专业是执行的必要条件，但不是充分条件。执行需要专业的支撑，但如果过于倚重专业，疏忽了市场和客户，执行难免会南辕北辙——专业能力越强，偏离目标越远，最终发展会"脱轨"。

执行是为了取得好的成果及有效率的持续增长。理想的企业增长结构应该是 π 型结构。恰如德鲁克所言，经营企业的目的之一是创造客户，因此企业有两项基本功能——创新和营销。为了实现这两项基本功能，需要强大的组织协同做支撑（见图 0-1）。

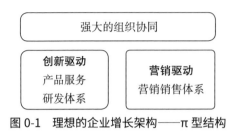

图 0-1　理想的企业增长架构——π 型结构

华为就是采用这种双轮驱动模式的典范，因此能够保持持续增长。企业如果只能做到"单轮驱动"，就会缺乏持续增长力。下文我们会谈到贝尔实验室，它自诞生之日起，几乎每天都能申请到一项技术专利，至今已斩获 8 次诺贝尔奖，是典型的创新驱动型组织。但贝尔实验室命运坎坷，几度易主，在最窘迫的时候，甚至不得不卖掉实验室大楼。贝尔实验室的命运证明了企业只有创新驱动是不够的。

同样，如果只有营销驱动，缺乏创新驱动的支持，企业也会走向失败。这里的典型案例是某口服液企业。

该企业开创了很多创新的营销模式，包括现在我们坐火车时可能会看到的在沿途房舍的墙上刷营销标语的广告形式等。可是创新停滞，营销一旦失误，只遇上一次公关危机，就足以让昔日风光无限的品牌及产品跌落神坛。

因此，对企业来说，理想的增长结构是创新和营销双轮驱动，且有组织协同做支撑，即形成"π 型结构"。

本书要点及体例

本书探讨的，是数字化转型时代支撑企业增长的 π 型结构的立体执行力体系（见图 0-2）。

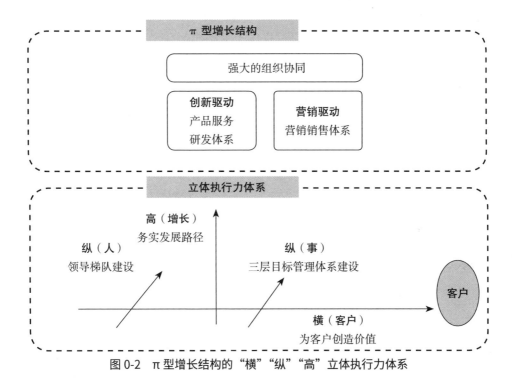

图 0-2　π 型增长结构的"横""纵""高"立体执行力体系

"横"，指的是企业以客户为中心，拉通价值流，为客户创造价值。企业是社会价值的创造者，只有具备社会创新、创意源动力，才有生存和发展的空间。未来，人工智能会给职场和商场划出执行力底线，执行力低于底线的个人和公司都将难以生存。

"纵"，指的是企业在"事"和"人"上，对创造客户价值的支撑，其核心在于围绕战略、战役、战术的三层目标管理体系和领导梯队进行建设。

基于"纵横"交错构筑的企业执行体系，需要"高"的带动才能"动"起来，"高"即指企业要务实发展、做好远期增长规划，在坚实的底座上建起万丈高楼。如此，企业才能既避免因低水平重复而止步不前，又能防止冒进摔跟头。

目录

以客户为中心拉通价值流

执行是为了出成果，成果是执行的终极秘密。

本书探讨的数字化执行力是围绕"成果"这个主线展开的，而不是围绕"数字化"这个工具或手段展开的，因为数字化最终也是为了更好地创造成果。我们将为大家解答：在数字时代的大背景下，什么是成果；如何执行才能获得更好的成果；数字化对企业的执行体系究竟产生了什么影响，以及其他很多正在或者即将经历数字化转型的企业关心的问题。

商业成果决定专业结果

乍看之下，成果是一个再普通不过的词，没有什么难理解的。我们频繁，甚至有些随意地在各种计划、总结、报告、标书、文章、表扬或者批评中使用这个词。

但大道至简，有关"执行"的终极秘密，恰恰就蕴含在我们司空见惯的"成果"中。

要结果，更要成果

1947 年 12 月，贝尔实验室又诞生了一项技术发明——晶体管。之所以是"又"，是因为对贝尔实验室来说，技术发明实在是司空见惯。创建于 1925 年的贝尔实验室，在迄今近百年的历史中，几乎每天都能申请到一项技术发明专利。

但申请到技术发明专利是一回事，让它们真正走出公司、走向市场、为市场所接受，或者说获得客户的认可、愿意为之掏腰包，进而创造巨大的商业价值，又是另一回事。

这两件事之间往往有一段很长的距离。而这正是公司从内创造的"结果"走向市场、创造客户价值"成果"的一个必经历程。

发明晶体管半个多世纪后的今天，我们跨入了互联网时代、数字化时代，即便是普通人也非常清楚晶体管的商业价值。让全球商业巨头们争夺的芯片就集成了大量的晶体管，一颗芯片能集成上百亿个晶体管。

但在 20 世纪中期，晶体管刚刚诞生的时候，人们虽然知道这是一项了不起的技术突破，但对怎么应用它，以及它可以创造怎样的商业价值，还是一头雾水。

诺贝尔奖对此倒是非常敏感，其委员会很快意识到这项技术发明的划时代意义，并于 1956 年把诺贝尔物理学奖颁给了晶体管的三位发明者，包括后来被称为硅谷之父的肖克利。

对贝尔实验室来说，获得诺贝尔奖不是什么特别稀奇的事——在将近百年的历史中，贝尔实验室共获得过 7 次诺贝尔物理学奖、1 次诺贝尔化学奖。

诺贝尔委员会方面肯定不是因为计算过晶体管可能会赚很多钱才把诺贝尔物理学奖颁给贝尔实验室的，但另一些人，却敏锐地嗅到了晶体管的商业价值。这些人来自遥远的日本。

当晶体管的资料在《贝尔实验室报告》上公布的时候，索尼的两位创始人井深大和盛田昭夫就开始密切关注晶体管技术的发展，不久之后他们得到了一个消息，这项技术的专利使用权很快会被转让。

井深大和盛田昭夫早早就弄明白了晶体管的技术原理，但和当时的所有人一样，他们对晶体管的商业应用也处于摸索起步阶段。技术转让方甚至好心地提醒他们，也许晶体管只能用来做助听器。

显然，助听器的市场实在是太小了，而索尼瞄准的是收音机市场。那时电视还不是很普及，收音机广受各个家庭欢迎，普及度在不断提升。

传统的收音机大量采用真空管，容易发热，比较笨重，而且寿命很短，井深大和盛田昭夫就开始琢磨，能不能用晶体管替代真空管，让收音机变得更小巧，更省电，寿命也更长。这是他们关注晶体管的真实原因。

正是意识到晶体管可能会有收音机这个巨大的商业应用场景，井深大和盛田昭夫对购买晶体管的专利志在必得。

购买专利的首付款是盛田昭夫从自己父亲那里借来的，折成外汇是2.5万美元，这在当时可不是一个小数目。当时日本的外汇非常紧张，而且日本政府的相关部门又不太了解晶体管是什么，难以理解索尼两位创始人为什么要花这么一大笔钱去买它，因此迟迟不肯批准相关文件。

两位创始人软磨硬泡，不停地给主管部门普及概念，半年之后这一项目才获得批准。

拿到晶体管的专利使用权后，索尼开始了新的晶体管研发，他们的目标很明确，就是要把晶体管用到收音机中。最终，索尼制造出了可以应用在收音机里的高频晶体管，并取得了巨大的成功，这个成功当然不只体现在技术上，更体现在商业上。索尼的收音机很快变得价廉物美，风靡全球，索尼因此赚得盆满钵满。

作为一家成功的商业公司，索尼应用了很多高新技术。不少技术就如晶体管一样，并不是索尼的原创，只不过索尼更懂得市场需要什么，客户需要什么，进而围绕市场需求和客户需求去集成和改良技术（注意"集成"这个词，后面我们会特别谈到）。

贝尔实验室有很多原创的技术直接改变了人类的发展进程，但它并没有取得与它的技术地位相称的商业地位，甚至历经几次转手倒卖。2008 年由于贝尔实验室连续亏损，其持有者阿尔卡特朗讯不得不卖掉了拥有 46 年历史的贝尔实验室大楼。

德鲁克在他的著作中，多次提到贝尔实验室的这段历史，不胜唏嘘。

执行要结果，更要成果。用德鲁克的话来说，成果永远在组织之外。

组织内部做出来的成绩，只要没有经过市场的检验，没有创造客户价值，那么无论在专业上多么辉煌，都只能被看作结果。

成果则不同，它是被客户所接受的、创造了客户价值、客户愿意买单的结果，也就是我们今天说得很多乃至有点陈词滥调的"以客户体验为中心"的结果。

组织内部的好结果，未必能创造出外部市场的好成果。同样，外部市场的好成果，也未必由组织内部的好结果所创造。

我们不能仅仅停留在理解结果和成果的区别上（见表 1-1），更需要知道造成二者巨大鸿沟的本质原因是什么，以及如何通过执行跨越这个鸿沟。

表 1-1 结果和成果的区别

结果	成果
组织内部	组织外部
专业价值	商业价值
管理思维	经营思维
赢得名声、荣誉	赢得营收、利润

重视从结果向成果的转换

今天一些公司，尤其是以技术专家为主导的公司，对结果的追求就如贝尔实验室所追求的一样极致。然而在关注结果的同时，却忽视了从结果向成果的转换，这往往是很多拥有豪华专业团队的公司在市场中折戟沉沙的原因。

相反，紧盯市场变化、适应市场变化的公司，发展往往不会太差。

让我们回顾一下个人摄影市场的变化吧。

二三十年前，个人相机开始普及。老式的传统相机使用的是胶卷，在我的印象中，一卷彩色胶卷大概卖20多元钱，可以拍30多张照片。拍完以后，需要把胶卷送到专门的冲洗商店去，另交一笔冲印费，再耐心地等上好几天，才能收到照片。

需要耐心等待也就算了。当你如约来到冲洗商店，翻了半天钱包找出皱皱巴巴的小票后，老板可能会很客气地告诉你，非常遗憾，你的照片不是所有都洗出来了，你可能只能拿到28张，甚至只有25张。

7

更糟糕的时候，老板甚至可能会告诉你，你的胶卷曝光了，所以一张都没有洗出来。

这真是非常糟糕的客户体验。

后来，柯达做了商业模式的创新，满大街的冲洗店都挂上了柯达醒目的牌子，从胶卷到冲洗服务实现全链路打通。老实说，专业度确实提升了不少，客户体验有了很大的改善。

但你我都知道，这并不是这个故事的结尾。

当数码相机开始普及，尤其当智能手机开始普及时，用老式的传统相机的人越来越少了。用智能手机拍照，不需要买胶卷，也不需要花冲印费，而且是即时可得。最关键的是，人们拍照的动机发生了质的改变。

用传统相机拍出来的纸质照片，人们会小心翼翼地把它们插到相册里。这些纸质照片最主要的功能就是满足人们对美好回忆的需求，偶尔在宾客到访的时候，充当一下社交的工具。

但智能手机的出现改变了这一切。人们拍完照，喜欢立刻把它分享到社交媒体上去，然后满怀期待地查看有多少人点赞，有多少人评论。社交这个要素的融入，大大激发了人们拍照的热情。许多美图软件如雨后春笋般冒出来，更推动了这种热情。

消费人群的行为模式变了，商业逻辑自然就变了。胶卷生意很快一落千丈，即便是这个行业的领头羊——柯达，生意也越来越难做。2012 年，柯达甚至提交了破产保护申请。

富有讽刺意味的是，正是柯达发明了数码摄像技术。

但我们这个故事的主角并不是柯达，而是另一个公司——富士胶片株式会社（以下简称富士胶片）。

富士胶片也曾经是这个赛道里面的主要玩家，赛道没落了，在市场里占据绝对优势地位的柯达日子不好过，富士胶片的日子同样不好过。

不同的是，富士胶片没有坐以待毙，它看清了市场发展的大势，知道如果再留恋个人摄影市场，最终的命运只能是被淘汰出局，于是它对自己的前途重新做了审视。

无论怎样，富士胶片历经多年的发展，累积了相当多的光学成像技术，这些技术并不是只能在个人摄影市场里应用，在其他领域里用的也不少。举个简单例子，我们去医院做检查，常常要拍CT、照X光，其中就使用了很多光学成像技术。

围绕这些市场的应用场景，做一些技术改良，会不会开辟出新的赛道呢？富士胶片开始了新的尝试，并很快尝到了甜头，扭转了生意下跌的颓势。

之后，富士胶片从以生产感光材料为主的企业成功转型，在医疗生命科学、高性能材料、图像处理、光学元器件、文件处理、数码影像领域都颇有建树。

赋予技术生命力的，不是这项技术在自身的赛道上处于什么位置，而是它的市场应用范围有多大。

专业结果要转化为商业成果，有几个关键点。

首先，要从产品技术优势决策思维，转向用户利益决策思维。

产品技术优势和用户利益隔着一层窗户纸。捅破这层窗户纸，是推动专业结果转化为商业成果的关键，也是管理者拥有经营思维的关键。恰如哈佛营销学教授西奥多·莱维特（Theodore Levitt）所言，人们所要的不是那个 5 毫米的电钻头，而是 5 毫米的洞。

其次，大多数创新往往有个漫长的扩散过程，产品的应用场景是不断在市场中验证出来的，不可能一开始就在实验室里规划完全。所以，即便贝尔实验室是晶体管的发明者，也不太可能从一开始就想到晶体管的所有应用场景，更不用说估算出其可能创造的商业价值。

最后，很多创新，需要二次延伸创新、三次延伸创新，甚至多次延伸创新的辅助，才能形成庞大的创新网，顽强的商业生命力才会凸显出来。比如，爱迪生发明了电灯，建立了最早的发电站。但电力的应用普及，也有赖于洗衣机、电视机、冰箱等电器的发明普及，以及插头插座这些看起来不太起眼，其实对电力普及至关重要的小发明的普及。

要专业思维，更要商业思维

我们可以将上一节的内容概括为，商业成果决定专业结果的命运。这就可以引申出专业思维与商业思维的区别，进而区分专家型人才和商业型人才。

许多公司的成功来自专家型人才和商业型人才的组合。无论对个人还是对公司来说，更理想的情况，是把这二者合二为一。

苹果公司就是最好的例证。在媒体的宣传下，乔布斯散发出无比耀眼的光芒，但在苹果公司起步的早期，真正的技术专家是沃兹尼亚克，他为苹果公司早期的技术创新立下了汗马功劳。乔布斯的高超之处在于，他不但能和沃兹尼亚克讨论出产品创新的方向，还总有办法把做出来的产品卖出去，换回钱来支持下一步的研发。

不同公司的发展驱动力不同，有一类公司是技术驱动型公司，专业思维在这类公司中体现得比较明显。我经常与这类公司的中高层交流，能感受到他们散发出来的激情源于他们对自己的创新，或者技术实力在技术领域领先地位的自信。

这种激情非常可贵，稍后我们还会讲到，拥有激情是一个公司打造超凡执行力的必要条件。

但专业思维还需要与商业思维结合起来，不能仅在专业技术领域看自己的优势，还必须要站在受众的角度去想这个问题。

站在受众的角度，快速判断技术所处的位置

我会用两个模型帮助企业对号入座，快速判断自己的技术在真实世界里处于何种位置。

· 高德纳技术成熟度曲线模型

最常见的工具是高德纳（Gartner）的技术成熟度曲线模型（见图 1-1）。

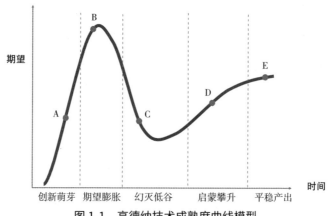

图 1-1　高德纳技术成熟度曲线模型

高德纳是一家专注于信息技术研究和分析的公司。根据该公司 2022 年的官方公开信息,其在全球拥有超过 100 个国家和地区的 15 000 多家公司客户。

数字时代,信息技术的创新呈指数级增长,不断诞生的新事物,让资本和媒体都处于兴奋状态。各种新术语、新概念层出不穷,让人眼花缭乱。如果不想迷失其中,我建议你持续关注高德纳所发布的报告。

高德纳技术成熟度曲线采用的是阶段法(注意,关于"阶段"这种思维方式,本书后面还会有很多论述)。它反映的是市场各方对技术创新期望值的变化,比如投资方、媒体和客户等。

图 1–1 中,A 技术处于创新萌芽阶段,说明它是个全新的事物,刚刚露出苗头,完全没有经过商业验证。但有些敏锐的人或者机构已对它投以关注,觉得它蕴含着可能性,又不敢肯定它会发展成什么样。

B 技术就不同了,关注这项技术的人和机构越来越多,就算该技术还没有经过严格的商业验证,人们也对它抱有日益高涨的热情,街头巷尾都在谈论这项技术和技术团队的传奇故事。

C 技术显然经历了很多失败,大家开始对它心灰意冷,失去兴趣,这种冷遇常常如雪崩一样发生。不少技术创新和其背后的技术团队会在这一阶段倒下。

D 技术经历过万众瞩目的期望膨胀期,也熬过了雪崩的幻灭低谷期,关注它的各方都冷静下来。技术团队开始反思自己的不足,学会了从市场的视角去看待技术创新,他们开始从客户需求出发,对原有的技术创新做二次、三次甚至更多次的改良。市场各方也开始更加客观地评价这些技术创新的价值和前景。虽然没有此前那般喧嚣热闹，但真正顽强的生命力却由此孕育。

E 技术已经进入了主流市场，找到了属于自己的广泛使用的场景，客户开始掏出真金白银为它买单，它经历了真正的商业验证。

高德纳技术成熟度曲线模型勾勒出很多技术创新在市场中的真实命运。我在跟技术驱动型公司的中高层交流时，常建议他们通过和竞争对手的对比，以及相似市场的类比，粗略而快速地判断出自己在市场中大概所处的位置。

· 氢原子创新市场接纳度模型

高德纳技术成熟度曲线配合氢原子自创的一个小工具——氢原子创新市场接纳度模型（见图 1-2），就更好用了。

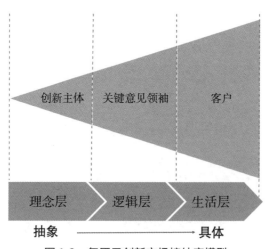

图 1-2　氢原子创新市场接纳度模型

和高德纳技术成熟度曲线一样，氢原子创新市场接纳度模型同样采用了阶段法。不同的是，高德纳的模型站在时间这一维度透视技术创新成熟度的变化,而氢原子的模型则是以产品和理念的抽象程度来透视市场接纳技术创新程度的变化。

技术创新最早只反映在理念层。在这一时期,创新主体,也就是主导创新的人或者公司,开始宣传自己的理念。理念是非常抽象的,一些公司甚至拿不出具体的产品和服务,所有理念都停留在商业计划书或 PPT 上。创新主体需要费尽口舌,不厌其烦地向别人描述自己理念的前景和优势。

即便有了产品和服务的模型,但因为处于起步阶段,没有多少人采用,大多数人对此一无所知,少部分知道的人对其也会有无法掩饰的陌生。这个时期的产品和服务也会累积一些数量不多的口碑,但它们往往来自创新主体的熟人和朋友,这时的口碑与其说是对产品或服务的商业价值的客观评述,不如说是对创新主体人际关系的肯定。

逻辑层就比理念层更具体一些,在这一阶段,陆续有关键意见领袖入场,关注技术创新和其背后的创新主体,并开始从各种逻辑层面展开讨论,例如,产业发展的趋势、资本布局的考量、创业者的背景和创业的初心,等等。

这些关键意见领袖有可能是创新主体推动的,也有可能是主动加入进来的。判断技术创新是否引起了主动关注,一个简单的方法是看有没有颇具分量的关键意见领袖对其提出疑问。即便是成熟的技术创新,也不会令所有人满意,更不用说还在蹒跚学步的技术创新了。有质疑,意味着有主动关注,说明技术创新已经开始有一定的影响力,并向更大的市场和人群渗透。

但这个阶段仍然在逻辑层的范畴内,还没有真正破圈。真正破圈的标志是进入生活层。在社交媒体上搜索相关的技术创新,看到它融入了人们的日常生活，甚至被当作某种情绪的一个要素，就说明该技术创新已经广泛为市场所接受，在绝大多数人眼中它已经很具体，不再是抽象的理念和干巴巴的逻辑，而是如锅碗瓢盆一样的身边事物了。

所以技术创新真正为市场所接受的最重要的标志是，被人们视作身边物。

高德纳技术成熟度曲线和氢原子创新市场接纳度模型，常被我用于帮助技术型团队跳出纯粹的专业思维，进入更大的市场视野，用商业思维去审视技术创新的价值，矫正方向，甚至是规划未来可行的路线。

从成果视野出发，寻求全局最优

要想执行有效，首先要从成果视野出发，把专业思维和商业思维结合起来。

前面我们讲到了成果和结果的区别，一些人可能会产生误解，认为只要能从市场上把钱挣回来，组织内部的结果就不重要了。这其实是非常危险的想法，尤其是在管理者区分不了局部最优和全局最优的时候，特别容易出现这样的问题。

销售驱动型组织比较容易陷入这样的陷阱，尤其在快速扩张，希望以急功近利的方法拉新，而不注重留存时，更易如此。

一些销售驱动型组织特别强调执行力，认为只要能从市场上把单签回来，把钱收进公司的账上，执行就算大功告成。然而，只重视销售，忽视产品和服务，就和纯粹推崇技术至上的专业思维一样，也是一种专业思维，只不过是纯粹推崇销售至上的专业思维。

在这一情境下，强大的执行力反而会给客户及公司造成很大伤害。要么客户下了单，体验过产品和服务，才发现销售人员言过其实或刻意欺瞒，产品和服务达不到自己的期望，或者产品和服务根本就不是自己想要的。这必然会引发大量客户的批评。

对需要高频购买的产品和服务来说，客户留存率会因此降低，公司不得不投入更多资源用来拉新；对低频购买的产品和服务来说，客户向他人推荐的意愿会下降，甚至出现不良口碑。

许多优秀的公司都有销售驱动的一面，例如华为，但它不是纯粹的销售驱动型组织，它同时也是创新驱动型组织。华为拥有非常庞大的技术研发体系，强有力地支撑着它前方的销售端说服客户，并最终通过产品和服务兑现销售端的承诺，形成企业良性发展的循环。

所以强大的执行力一定来自专业思维和商业思维的结合，一定寻求的是全局最优而不是局部最优。

解决多大问题，就有多大价值

通过与结果的对比，我们对成果有了初步的认知，但这还不足以帮助我们理解什么是成果。

现在开始我们要对成果做更加深入的探讨，这对理解成果至关重要。

成果是用什么来界定的呢？答案是客户的问题。所谓成果就是帮助客户解决了某类问题，创造了客户价值。

如上一节所言，有的公司虽然把钱收进来了，但提供的产品和服务根本解决不了客户的问题，或者解决的程度达不到客户的预期。这类产品和服务就不能称为成果。强大的执行力，一定要建立在坚实成果的基础上。

并非所有问题都可清晰界定

那什么是"问题"呢?

问题这个词比成果使用得更加广泛,我们从小学甚至幼儿园起,就已经非常熟悉提出问题、界定问题、回答问题了。

问题比成果看起来好理解,但与之相关的真相往往扑朔迷离。

有些问题很明确,答案也相当明确。就如写数学卷子一样,你遵循逻辑和数学知识给出答案,判卷老师也遵循逻辑和数学知识为你的答案打钩打叉。对数学老师给出的分数,你往往心服口服,依据逻辑,答案就该如此。

这种问题是高度结构化的问题。问题有逻辑边界,只要人们足够努力,问题就一定能界定清晰。一旦问题界定清晰,早晚能找到遵循逻辑的解决方案。

以数学为范本的界定问题和解决问题的方式,从我们开始接受教育起就让我们印象深刻,以至于让人误以为所有问题都可以清晰界定。

我们经常被告诫,解决问题前一定要清晰地界定问题。一旦问题被清晰界定,再去寻找它的答案就容易多了。而想要清晰界定问题,一是要在相关领域有足够丰富的专业知识,二是要有强大的逻辑推理能力。

但所有问题真的都能像数学问题这样,可以被清晰界定,找到富有逻辑性的答案吗? 不一定吧!

学语文的时候,我们就体会到这种差别了,最典型的例子就是作文题目。作文题目往往只规定写作的主题,并对文章的题材、写作的字数、立意出发点提一些规范性的要求。写作固然需要有逻辑，但更需要有想象力，无论这种想象力是基于回忆的再现性想象力，还是像剧作家的想象力那样是基于创意的创造性想象力。

两个不同的人答同一道数学题，答案一模一样，判卷老师丝毫不会感到奇怪，但如果两个人答同一道作文题，答案一模一样，判卷老师马上可以断定，其中至少有一个人存在抄袭情况。写出一模一样的作文来，这种事情根本就不可能发生。

这就说明，很多问题是非结构化的，不能像高度结构化的数学问题那样可以清晰地界定，寻找到高度逻辑化的答案。

赫尔伯特·西蒙及不良结构问题

最早对"问题"展开研究的是赫尔伯特·西蒙（Herbert Simon）。

我最早是因为诺贝尔经济学奖关注到西蒙的。

起初，诺贝尔奖并没有经济学奖，直到 20 世纪 60 年代末才设立了这个奖项。根据诺贝尔委员会的陈述，之所以选择在这个时间设立诺贝尔经济学奖，是因为数学学科在经济学研究中的渗透，让经济学摆脱了此前文学式的似是而非、模棱两可叙事的尴尬。那可以称为艺术，但不能称为科学。只有当数学学科在经济学研究中广泛应用时，经济学才变成了可建模、可计算、可预测、可复制的科学。

若看过诺贝尔经济学奖获得者的名单，关注过他们研究的领域，你会发现，他们中大部分人是计量经济学家。在这个长长的名单中，西蒙之所以很显眼，是因为他不仅是计量经济学家，还是一位管理学家。西蒙多才多艺，还很擅长下国际象棋，在我看来他简直是一位百科全书式的人物（在本书后面我们还会讨论到西蒙下国际象棋这个问题）。

西蒙试图给"问题"进行分类，他把问题划分为两类：良性结构问题和不良结构问题。

良性结构问题包括数学问题、物理问题等。我们可以按照既定的标准去测试它的答案。比如我做了一道数学题，一个老师严格审视我的推演过程，判断我的答案是对还是错。另外，这类问题可能存在最优解，比如写计算机代码时，可能存在解决同一个问题的最短运行代码。

·良性结构问题的解决有自己的问题空间范围。所谓问题空间范围，是指数学问题要用数学来解决，物理问题也许也要借助数学来解决，但这种助力有既定范围，我们绝对不会借助莎士比亚的诗句或者弗洛伊德的心理学理论来解决物理问题。而且，解决数学问题的过程，无论对错，一定是在数学知识的范围内展开的，不存在解决数学问题时，通过烦琐的步骤，居然推演出了达尔文进化论的可能。对问题空间范围要特别留意，后文介绍不良结构问题，谈到解决方案、商业问题、设计思维、集成时，也以其为重点。

寻找良性结构问题的答案时，依靠的是严格的量化推演或者逻辑推演，且我们可以一劳永逸地解决它，比如数学书上告诉我们圆面积怎么求。人类为摸索出该问题的答案，花费了上千年的时间。但现在我们只需要瞄一眼数学书，记下相关公式，在遇到该问题时直接套用公式，就能迅速得出答案，不再需要重复古人漫长的摸索过程。

什么是不良结构问题呢？简单说来，良性结构问题之外的问题都是不良结构问题。

比如相声演员想把观众逗笑，这就是一个不良结构问题。既不存在一个既定的函数，也不存在一种逻辑推理过程，可以指导相声演员按部就班地表演就一定能把观众逗笑。相声需要设计，而不是推理。

相声演员把观众逗笑的过程涉及的要素太多，并且这些要素常常是跨越问题空间范围的。相声演员的语言艺术、相貌、语音语调、表演的精神状态、段子的包袱、现场舞台的舞美、观众各自的心理状态、当天的现场氛围、音响系统修音的效果，甚至票价、剧场内空气的质量……都会影响观众。

要素实在太多，你无法穷尽列举，没法找出它们相互关联的方式，更不能在它们之间建立机械的因果联系从而精准地算出相声演员如何逗笑观众，并且不可能存在最优解。上一场这样说把观众逗笑了，下一场说同样的内容，观众可能就觉得很乏味了。

换句话说，相声演员如何逗笑观众是个不良结构问题，只能设计出解决方案，没法推演出一个答案。

在公司的经营管理中，我们面对的大部分问题，其实是不良结构问题，需要用设计思维去解决。而很多执行不力，没有取得预想成果的情况，都是把不良结构问题当作良性结构问题机械地解决造成的，这样做事，自然事倍功半。

关于良性结构问题和不良结构问题的对比可见表 1-2。

表 1-2 良性结构问题和不良结构问题的对比

良性结构问题	不良结构问题
数学、物理、编程等纯专业问题	婚姻、公司经营管理等问题
问题和解决问题都存在既定的问题空间范围	问题和解决问题都没有既定的问题空间范围
答案对问题解决的效力可以复现，甚至可以一劳永逸地解决问题	解决方案对问题解决的效力难以复现，不可能一劳永逸地解决问题
可能存在最优解	不存在最优解
逻辑力	想象力
答案	解决方案

赫斯特及"棘手问题"

西蒙掀开了设计思维的序幕，后来的很多专家都在这个方向上做了深入的思考。继不良结构问题之后，德国设计理论家赫斯特·里特尔（Horst Rittel）进一步提出了"棘手问题"（wicked problem）。比如人类社会面临的贫穷、疾病、气候变化等很多问题，都属于这类问题。

棘手问题的问题空间范围往往层层嵌套，问题之上还有问题，不但不存在最优的解决方案，还不存在根本解决的可能。更常出现的情况是，起初，我们只是大概知道问题的主题范围，但无法完全清晰地界定问题究竟是什么，这和良性结构问题大不相同。

良性结构问题引发的问题不会变，比如圆的面积和圆的半径关系永恒不变，但棘手问题引发的问题却在不断改变。我们只能在不断设计解决方案的过程中，一点一滴地深入理解它究竟是什么，可能我们终其一生致力于解决它，但最后都没法完全清楚地界定它。

用时髦的话来说，面对棘手问题，解决方案只能与问题共生演化，两者在相互影响中变化。

举个身边的例子，相信大家马上就清楚何为棘手问题了。

婚姻是个棘手问题

从某种角度来看，婚姻就是一个典型的棘手问题。虽然一见钟情的两人第一眼就认为对方是自己婚姻的答案，也是婚姻这个棘手问题的解决方案，但随着岁月的流逝，人们最终会明白解决方案和答案是不同的，婚姻没有答案。婚姻要解决的问题需跨越非常大的问题空间范围，包括爱情、亲情、心理、财务、安全保护、车辆驾驶、烹饪、水电修理……我们可以无休止地在这份清单上列下去，直到厌烦。

虽然和配偶相爱时，我们都认定对方是自己的灵魂伴侣，自信对对方相当了解，但随着岁月的流逝，孩子的出生成长，父母的老去；随着自己年龄的增长和事业的变化，我们的生理、心理状态都会发生很大的变化。经过几年，甚至几十年的朝夕相处，可能发现配偶越来越陌生，出现这样的情况毫不奇怪。

我们试图改变对方，或改变自己适应对方，不断寻求婚姻的最优解决方案，但终其一生，可能非但没有找到这个最优解决方案，还愈发不敢说完全了解对方，找不到最恰当的方式与对方相处。

婚姻没有答案，只有解决方案。而且，婚姻没有最优解决方案，只有和婚姻共生演化的解决方案。

解决方案≠答案，集成是关键

到这里，我们也大概可以知道解决方案和我们常见的答案有什么不同了（见表 1-3），由此又引出一个至关重要的概念——集成。

表 1-3 答案和解决方案的不同

答案	解决方案
针对良性结构问题	针对不良结构问题、棘手问题
可以清晰界定问题	难以清晰界定问题，甚至问题是在不断演化的
可以一劳永逸地解决问题	解决方案与问题共生演化
依靠既定问题空间范围内的专业知识，偏重逻辑推理	需要用想象力集成不同问题空间范围的知识、智慧、经验、审美等
逻辑思维	设计思维

显然解决方案针对的是不良结构问题、棘手问题，但它不能只依靠单一领域，或者整合有限几个领域的专业知识解决问题，它牵扯的因素太多。

解决问题空间范围庞大的问题时，即便无法穷尽相关要素，也要把主要的问题空间范围考虑进去。对来自不同问题空间范围内的知识、智慧、经验、审美，不应建立机械的因果联系，我们需要通过想象力把它们集成在一起，不断通过和问题对象的互动，测试解决方案是否有效。

集成，意味着寻找解决方案的知识、技能、智慧的范围是无限开放的，需要用想象力去捕捉具体应该用到哪些知识、技能、智慧。

这就是集成设计的由来，华为花费数十亿元从 IBM 学来的产品研发体系就叫集成产品开发（Integrated product development，IPD）。其中的"I"指的就是集成（integrated）。

至于具体的操作方式，本书会在后面展开论述。

创造成果基本框架

通过图 1-3，我们简要回顾一下前面的内容：执行最重要的目标是取得成果，而成果来自替客户解决问题。问题可以分为良性结构问题和不良结构问题。针对良性结构问题，我们要找出的是答案，而针对不良结构问题，我们要找出的是解决方案。

鉴于大多数公司的目标并不是处理诸如气候变化这样的棘手问题，下面我们将不良结构问题分为中度不良结构问题和高度不良结构问题，而不再强调不良结构问题和棘手问题的区别。

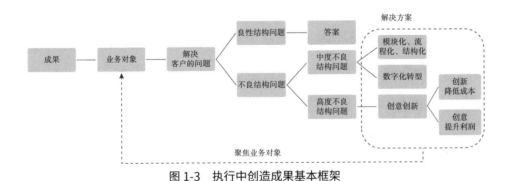

图 1-3 执行中创造成果基本框架

前文提到，答案和解决方案不太一样。答案可以让人一劳永逸。牛顿坐在苹果树下，被树上掉下来的苹果砸了脑袋竟灵光乍现、豁然开朗，发现了万有引力的奥秘。他推导出万有引力的公式，后人只需要把两个物体的质量、距离等数值代入该公式，就可以轻松算出两者之间的引力。

和答案不同，解决方案针对的是不良结构问题，会复杂一些，不太存在一劳永逸的情况。但这不是说所有的解决方案都要从零打造，具有原创意义。这样做既费时费力、成本巨大，又有很大走弯路、掉陷阱的概率，没有太大必要。

中度不良结构问题可以采用模块化、流程化、结构化（如果企业没有这些能力，可以通过咨询、培训等获得）以及数字化转型的方式来解决。

华为就非常善于学习。说到集成产品开发，不能不先说一下 IBM 曾经的传奇掌门人郭士纳。

在 20 世纪 90 年代初，社会跨入了个人计算机时代，此时的 IBM 有点跟不上市场形势了，销售额直线下滑。为了挽救颓势，IBM 开始物色新的掌门人，但没有几个人愿意接手这个烫手山芋，之后不太懂技术的郭士纳接过了 IBM 掌门人的权杖。

此前，IBM 是典型的技术驱动型企业，很多人对郭士纳不太信服。因为郭士纳曾经在销售奥利奥的公司工作过，所以有人戏称郭士纳为"饼干怪兽"，这多少是在嘲笑他缺少技术基因。

实际上，这些人是在用专业思维审视郭士纳，他们显然忘记了一件事：郭士纳虽然不是技术岗位出身，但其曾经任职的公司也是 IBM 的客户。所以从客户的视角出发，郭士纳对 IBM 弊病的了解比其内部的技术专家更清楚。而且郭士纳一上任，就马不停蹄地全世界跑，到处拜访 IBM 的客户，倾听他们的心声。

这就是商业思维的体现，一切从客户出发，从市场出发。

同时，这也是设计思维的一种体现。郭士纳也可以像很多大公司的高层一样，坐在豪华的办公室里，吹着空调，端着咖啡，审视分布在世界各地的下属们传来的工作汇报 PPT，或者翻看市场调研公司制作的客户分析报告。

设计思维强调的是体验，而且是持续不断地和客户进行互动的体验，这和制作专业的客户分析报告不一样。专业市场调研公司递交上来的客户分析报告因为经历了层层抽象，损失了大量具体的信息，它可以作为重要的参考，但不能成为企业完全的依靠。在和客户面对面的交流中，你甚至可以通过客户的一颦一笑、语调的轻重缓急，判断出他真正在乎的问题是什么。通过这样的交流，你才能从业务场景的现场细节中，发现在市场调研中客户说不出来，也没有意识说的问题。

设计思维的精髓之一，就是客户体验和体验客户大于客户调研。

为了大幅度缩减研发费用，加快新品上市速度，郭士纳推动了集成产品开发项目。此前集成产品开发的理念只存在于书本中，它源于美国 PRTM 公司出版的《产品及生命周期优化法》。集成产品开发的核心在于以围绕客户需求为中心做集成研发，郭士纳着眼于提供解决客户问题的解决方案，而非在纯粹的技术问题空间范围中寻找技术答案（建议温习解决方案和答案的区别）。

IBM 是最早把集成产品开发付诸实践的公司之一，集成产品开发只用了几年时间就让 IBM 在确保研发实力不被削弱的前提下，节省了上百亿美元的研发经费，进而完成了从技术驱动向市场驱动的转型。最终，郭士纳将 IBM 这头大象从悬崖边拉了回来。

在 2001 财年，IBM 营业收入达到 859 亿美元，净利润为 77 亿美元（此前最高峰为 2000 财年，营业收入达到 884 亿美元，净利润为 81 亿美元），员工近 32 万人，股价创历史新高——每股 120.96 美元。2002 年，郭士纳从 IBM 功成身退。

之后华为经过严密论证，花费了数十亿元引入了 IBM 的集成产品开发。但相较于华为付给 IBM 的学费，IBM 在摸索集成产品开发上花费更巨大，冒的风险更多。这套体系已经在 IBM 证明可以成功实践，华为便以确定的价格把它学过来，其实是再划算不过的事情。

之后的故事大家都知道了，集成产品开发的引入，有如给华为装上了强大的发动机。由此华为不但成为一个销售驱动型组织，更成为一个创新驱动型组织。双轮驱动，才有了华为后来的辉煌。

这是一个从郭士纳到任正非的传奇，也是一个执行的传奇。据说郭士纳上任时，有记者十分好奇他会为 IBM 制定什么样的远景规划。郭士纳的回答是，我们现在不需要什么远景规划，需要的是一套能落地执行的战略。

郭士纳这样说了，也这样做了。IBM 和华为的成功都印证了，**有效果的执行会反哺战略**。

华为引入集成产品开发的故事，正好可以用来阐述中度不良结构问题。

首先集成产品开发绝对不是一个"答案"。如果集成产品开发针对的是良性结构问题，即问题界定清晰、通过纯粹的专业知识即可解决问题，那么华为对集成产品开发的学习也许只相当于专利转让，甚至只是阅读几本书那样简单。

华为之所以愿意花数十亿元把 IBM 的上百位咨询顾问请到华为，耗费多年，让他们手把手地指导华为把集成产品开发落地，正是因为集成产品开发要解决的是中度不良结构问题——可学习、可移植，但是学习成本和移植成本肯定比从纸面上找现成答案高太多。

顺便说一下，企业之所以需要咨询和培训服务（尤其是定制化培训服务），而不是通过便宜得多的书本来学习，是因为咨询和培训服务往往要解决的是中度不良结构问题，我们既要学会理论框架，也要让其和企业的实践适配。

对 IBM 来说，早期摸索集成产品开发，要解决的是高度不良结构问题。因为那时集成产品开发还是停留在纸面的理念，现实中没有先例可以借鉴，一切都要从头摸索。这和华为后来直接学习 IBM 的集成产品开发不是一回事，难度也要高出几个量级。

华为学习 IBM 的集成产品开发时，虽然因为文化理念不同，面对的市场和客户也有差别，但当时的集成产品开发已经有了成熟的模块和流程，可以复用（记住模块化和流程化，非常关键，后面我们再细谈）。所以当时华为面对的问题结构虽然不良，却只是中等程度的不良。

解决高度不良结构问题往往是一个从 0 到 1 的过程，需要创新的能力。解决中度不良结构问题是一个从 1 到 N 的过程，需要咨询或者培训服务。

从机会驱动走向战略驱动

数字化用来做什么？为我们提供答案吗？那太简单了，数字化之前的信息化就可以实现这一目的。

但数字化也还没有发达到可以解决高度不良结构问题，或者替代人做富有创意的工作的程度。虽然最近关注度很高的 ChatGPT 似乎露出了这种端倪，但这个高度发达的数字化时代还远远没有到来。

数字化的准确定位是用来解决中度不良结构问题的。

如图 1-4 所示，小型企业一般只能解决良性结构问题，而且能解决这类问题的企业很多。但由于小型企业对客户缺少选择权，获得商机有偶然性，通俗地说就是凡事看机会，所以很难构筑竞争壁垒做大做强，规模也比较受限制。

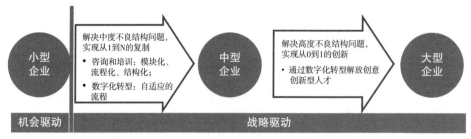

图 1-4 从机会驱动走向战略驱动

解决中度不良结构问题是一个从 1 到 N 的过程，这是小型企业实现执行上的突破，并走向中型企业的关键。这个时候企业对客户有了一定选择权，能构建一定高度的竞争壁垒，通过圈定一定范围的客户获得持续的商机。

而解决高度不良结构问题是一个从 0 到 1 的过程，这是中型企业实现执行上的突破、构建起比较高的竞争壁垒，持续影响甚至主导一个市场，走向大型企业的关键。

商机是企业生存和发展的必要条件。企业把握商机如果看运气，那就有很大的不确定性，注定饥一顿、饱一顿，很难做大做强。但如果企业能进入战略驱动，获得持续把握商机的能力，获得商机的确定性就会增大，企业也会逐渐从偶然胜利走向持续胜利，逐渐做大做强。

我用人类社会的演进帮助大家理解这个道理。人类大约在 1 万年前进入农耕畜牧时代，在此之前，人类获得食物的方式主要是狩猎和采摘，二者有很大的偶然性，如果运气好，捕到一头鹿，一家人就可以吃一个星期。可如果运气不好，好几天都打不到猎物，一家人就只好饿肚子。获得食物看运气，波动性太大，食物的总量难以得到保证，更不用说稳定增长。这让原始人类的数量一直处在一个很低的量级，部落的规模也很难变大。

进入农耕畜牧时代后，人类学会了种植小麦、水稻，饲养家畜。完成这些工作要比单纯狩猎和采摘复杂得多，但食物的来源相对稳定，人类的数量也开始持续增长，出现了人口规模远超部落的村庄、城镇、国家等。

解决中度不良结构问题，需要数字化转型

为什么说解决中度不良结构问题是小型企业走向中型企业的关键呢？

小型企业的生存往往由机会驱动。就像游猎采摘时代的原始人类一样，每天四处搜寻食物，其能否找到食物靠的是两个因素：一个是活动范围足够大，一个是运气足够好。这就是机会驱动。

机会驱动最大的特点是带有大的波动性。运气好的时候，可能一天就找到够吃好几天的食物。运气不好时，好几天也找不到果腹一餐的食物。

机会驱动最大的缺点是难以复制，今天的好运气不一定能复制到明天。

后来人类进入了农耕畜牧时代，学会了种植粮食，学会了放养牲畜。和游猎采摘时代相比，食物来源更多的是靠实力而不是运气。

为什么呢？因为人类掌握了种植的流程。一块地的种植经验可以复制到另一块地上，有 N 块土地就可以实现 N 倍的复制。所以人们不用每天疲于奔命，跑几十公里找食物，他们可以守住田地，精心耕作，等待庄稼成熟时的丰收。同样的，人们只要掌握了饲养牲畜的流程，就可以实现批量养殖。

人类文明的真正发展就是从农耕畜牧时代开始的。因为从这个时代开始，人类有了相对盈余的食物，才能有空闲时间，有足够精力去吟诗作赋、建功立业。

农耕畜牧时代蕴含了中度不良结构问题的要素：模块化、流程化、结构化。中度不良结构的解决方案，解决了食物生产的问题。

日常生活里最能体现模块化特色的是积木。每一块积木都可以被看作一个模块，你可以把它们灵活组合，搭建出房子、汽车、游艇、飞机等。如果模块既能做到颗粒度细、功能多样，又能实现复用率高，就像乐高积木那样，那你甚至可以用它搭建任何你想象得到的物品。

我们日常用的电脑屏幕、手机屏幕、液晶电视屏幕也体现了积木的特点。它们由一个个像素点组成，分辨率足够高，这意味着画面的颗粒度细，同样面积的屏幕，可以容纳更多像素，显示的图像更加细腻——每个像素可以呈现的色彩足够多，像素与像素排列组合的可能性就会呈指数级增长，这样由它们排列组合而成的图像就会更加丰富多彩。

模块化、流程化、结构化在人类文明发展早期就开始萌芽，进入20世纪后，以福特改造生产流水线为代表，这些要素深深刻入了现代企业经营管理的骨子里。在福特的流水线上，受教育程度不高的工人能相互配合，制造出高复杂度、高精密度的汽车，不能不说是人类分工协作的一个里程碑式的进步。

今天，在创新型组织里，从表面上看，创新似乎是在打破工业企业模块流程条条框框的束缚。其实从根本上来说，创新没有抛弃模块化、流程化、结构化，只是模块、流程、结构的颗粒度更细了。一次我和酷特智能的董事长张蕴蓝交流，她说高度的定制化，其实是高度的模块化。这话非常有道理。

简单说来，解决中度不良结构问题可采用模块化、流程化和结构化的方式，应对从 1 到 N 的复制出现的一般问题。通过模块的复用降低执行的成本，通过流程化、结构化将模块组合起来，大幅提升执行的效率和效果。

华为学习 IBM 的集成产品开发，以及今天很多公司学习华为的产品研发体系、销售体系；学习阿里巴巴的销售体系、做战略解码等，其实都是要把产品研发和销售中的模块、流程和结构移植过来。

之所以企业在培训之外还需要咨询，是因为这类解决方案毕竟针对的是中度不良结构问题，不是可以直接照搬的答案。无论学习 IBM、华为、阿里巴巴还是其他公司，你依然要解决这些模块、流程和结构与自己公司的战略和执行如何适配的问题。

前面我们讲到各个公司摸索出来的模块、流程和结构，都是人为设计出来的。只要靠人力来设计，就意味着它的成本不低，产出数量有限。

更加关键的是，要在模块组合到结构化的流程中去解决客户的问题。如果解决的过程不顺畅，或者说发现还有可提升的空间，都应该及时反馈，重新调整模块、流程、结构。

说白了，所有这些解决方案最终都要跟客户的体验适配。依靠人力去解决这类问题有很大的局限性，尤其在面对海量的用户、高频的用户行为时，局限性就更明显了。

・ 数字化执行力体系与传统执行力体系

我们仅以客户数据为例，透视一下数字化执行力体系与传统执行力体系的差别（见图 1-5）。

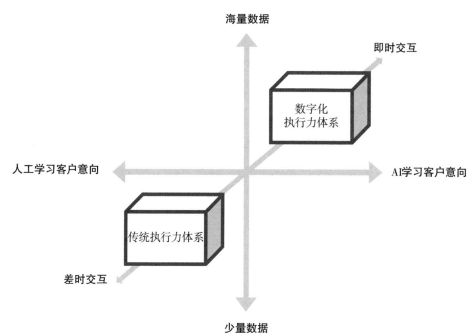

图 1-5　数字化执行力体系与传统执行力体系

前面说过，执行要创造成果，而成果来源于客户体验。因此收集和分析客户数据，是做好执行的基本功。

在图 1-5 中，我列出了三个维度：一是数据，数据是海量的，还是少量的；二是交互方式，企业能不能获得即时数据从而实现与客户的即时交互；三是学习客户意向的方式，企业如何学习和理解客户的意向。

和传统执行力体系相比，数字化执行力体系在三个维度上都处于高位。

它能分析的数据量远远大于人工，而且可以跟踪客户的即时行为。就像你在刷抖音的时候，后台的算法正在即时跟踪你，学习你的行为意向，从而个性化地理解你的偏好，分析让你产生激素的机制，然后向你推送你喜欢的视频和直播，做到即时互动，引导消费。这样的执行力体系，甚至可以实现从客户洞察到最后成交的一气呵成式完成，这是传统执行力体系难以企及的。

在传统的业务场景里，比如说海底捞的门店，服务员确实可以获取客户的即时数据，揣摩客户可能的意向。但首先客户数据不会是海量的，服务员只能紧盯他服务的那几个人。而且受制于观察角度和时间，服务员获取的客户数据是碎片化的，并且揣摩客户意向往往凭借的是个人经验。服务优秀的海底捞尚且如此，大部分传统的业务场景可想而知，这三个维度都难以达成。

所以长久看来，解决中度不良结构问题，还需要数字化转型。

从传统执行力体系走向数字化执行力体系

在此之前我要先解释一下，究竟什么是数字化，它和信息化有什么区别？

消费互联网时代

先来看下面这张图（见图 1-6），它最早出自我参与执笔的互联网通史——《看见未来：改变互联网世界的人们》，之后我对它又做了进一步的迭代。

互联网诞生于 1969 年。不过它真正得到普及是从 20 世纪 80 年代末到 90 年代初，因为那时万维网诞生了，普通人可以通过浏览器，直观地访问互联网，万维网的诞生大大降低了上网的门槛，全球网民数量也迎来了爆发式的大增长。

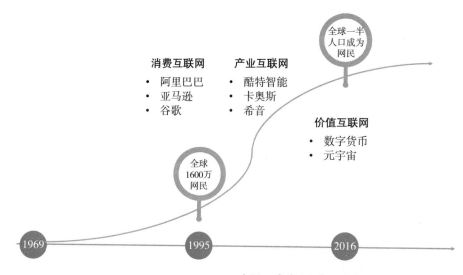

来源：《看见未来：改变互联网世界的人们》

图 1-6　互联网发展的 3 个时代

因为有了庞大的网民基数，商业应用很快兴盛起来。人们从互联网上获取信息、社交、购物，由此诞生了亚马逊、谷歌、阿里巴巴、腾讯、字节跳动、Facebook[①] 等巨无霸公司。这个时期互联网影响的主要是需求侧，所以我们又把它称为消费互联网时代。

消费互联网的特征可以用一句话来概括：信息比特化。

接着互联网开始深入供给侧，开始改造工厂，升级供应链，推动各个公司做数字化转型。我们称这个时期为产业互联网时代。相对于消费互联网，

---

① 现已更名为 Meta。

产业互联网的入门门槛比较高，普及的速度也比较慢。数字化转型就发生在这一时期。

产业互联网的特征也可以用一句话来概括：原子比特化。

就消费互联网而言，中国绝对走到了世界的前列。不过就产业互联网而言，我们在很多指标上不但落后于美国，甚至落后于欧洲。

与产业互联网几乎同时兴起的，还有价值互联网，价值互联网也可以用一句话来概括：信用比特化和智能比特化。

当然我们的重点是数字化转型。

大家发现没有？大概从 2012 年或 2013 年开始，"互联网+"这个概念特别火。不过到了 2016—2017 年，取而代之的就是"数字化转型"的概念。

这两个概念有什么本质区别呢？

阿尔法围棋与深蓝

让我们回忆一下 2016—2017 年发生了些什么事。

2016 年的时候，人工智能阿尔法围棋（AlphaGo）和当时排名世界第一的围棋选手李世石对弈，一共下了 5 盘棋，AlphaGo 赢了 4 盘。

这在世界范围内引发了巨大的轰动。上次发生类似的轰动还是在 20 多年前，也就是 IBM 的深蓝战胜国际象棋冠军卡斯帕洛夫。不过在那之后，许多专家对人工智能的未来表示了悲观，他们不认为计算机在短期内可以战胜优秀的人类围棋选手。

原因在于，围棋的难度比国际象棋高了不是一点半点。国际象棋是 8×8

的棋盘,而围棋是 19×19 的棋盘,可能的排列组合差别是数量级的。更关键的是,国际象棋的下法是收敛型的,也就是说随着棋局的推进,棋盘上的棋子会越来越少。围棋则刚好相反。

当时的深蓝已经代表了计算机算力和编程的极限,再想在围棋上突破,似乎是异想天开了。

但仅仅过了不到 20 年,这种预期就被打破。从李世石开始,优秀的人类棋手可能都不是计算机的对手。

AlphaGo 和深蓝有什么区别呢?我一直有这个疑问。借着 AlphaGo 掀起的人工智能热潮,我关注了深度学习的概念,决定用自己的亲身实践,解开这个谜。

首先我买了一台高级服务器,这台服务器是专门用来做人工智能计算的。接着我通过亚马逊网站检索,找到了一本中意的深度学习的图书。

坦率地说,我看不懂书里面的大多数代码。但我拿着这本书,一页一页地翻,一段代码一段代码地复制到计算机里运行,慢慢地就摸清了 3 个要点。

第一,整个流程分为几个阶段。首先要写出原始代码,下一个阶段是要有足够多的数据对它进行训练,然后用测试数据测它的效果。效果不错再实战。这很像我们在学校里面学习的过程。先看书,建立最初的知识框架。然后不断刷题,矫正自己的错误认知。接着做模拟测试,有了足够的自信才去参加真刀实枪的考试。

第二,整个代码是在对算法做自适应调整,所以在最初的训练阶段,你需要不断告诉计算机它做得对还是错。比如吴恩达曾经耗费多年,让计算机学习了上千万张猫的视频和图片，最终教会了计算机认识猫。其实这个过程中还用到了其他动物的照片，并采用人工打标签的方式，不断告诉计算机，哪张是猫，哪张不是猫，以此来训练算法。计算机一旦发现自己做错了，会马上反馈给算法，对算法做自适应调整。

第三，这个自适应调整是计算机自己完成的，里面还引入了一种因子，让这种调整呈现非线性特征。因为人类最早写的算法是良性结构的，良性结构的算法，显然解决不了高度不良结构问题。所以自适应的调整一定要让算法变得非线性化，或者说，让算法也变成不良结构。

下面换一种说法，更加通俗易懂地解释这个问题。

在现实世界里，一些人解决问题的能力之所以非常强，有两种可能。一种可能是这个人足够聪明；另一种可能是这个人见多识广，类似的情况和解决方案见得实在太多，所谓久病成良医，解决问题的能力自然就强了。

和这样的人比，深蓝更像是一个聪明的人。深蓝背后的计算机团队编写出了足够优秀的算法，让深蓝足够"聪明"。但深蓝只是算力很强，本质上，它还是在一行一行忠实地执行人们写出的代码。

AlphaGo 就不一样了，它是见识多。AlphaGo 不停地学习人类对弈的棋局，你能想象到的棋谱它都学习过，它甚至能跟自己下棋。和任何人类棋手相比，AlphaGo 都是绝对的见多识广。

AlphaGo 以面向解决问题为中心，自适应调整，是很善于"自我批评"和提升的人工智能。当我们还在用人工设计模块设计结构化流程的时候，AlphaGo 早就从问题解决之处出发，对自适应解决问题做了高频、海量的能力调整。调整来调整去，包括 AlphaGo 最早的设计者，没有任何人说得清 AlphaGo 究竟是用了什么样的模块、什么样的流程结构来解决问题了。其中可能的模块、流程结构都变成人所不能理解的"暗知识"。但这不重要，重要的是 AlphaGo 能解决问题。

深蓝和 AlphaGo 的对比见表 1-4。

表 1-4　深蓝和 AlphaGo 的对比

要素	深蓝	AlphaGo
特征	聪明	见多识广
所用算法	良性结构算法	不良结构算法
算法自调整情况	算法调整需要人工干预	自适应问题解决，自调整算法结构
所用知识	明知识	暗知识

AlphaGo 在 2016 年战胜李世石，接着所向披靡，横扫围棋棋坛，一下子赢得了全世界的关注。就算是不太了解信息化、数字化的人，也隐约感觉出一个全新的时代到来了。

不过对大多数人来说，AlphaGo 只是一个新闻娱乐要素。真正唤起人们对数字化认知的，是打车软件和外卖软件的兴起。

打车软件和外卖软件

我们以打车软件为例来说明这个问题。

在传统的出租车生态中，司机是这个生态的核心，乘客往往要围绕着司机转。我在北京生活了 20 多年，在打车软件普及之前，打车是很让人头疼的事情。你得站到路边，看到出租车经过时，使劲挥手，让司机注意到自己。至于司机是不是真的注意到你，是不是愿意停下车来接上你，都是不确定的。

在这种状态下，司机和乘客的信息交流完全依靠看得见的方式。所以可能仅仅只是相隔几条街，这边乘客多而车少，那边却是乘客少而车多，做不到匹配全局最优。

打车软件出现以后，出租车生态的核心就变成了乘客。乘客不需要再顶风冒雨跑到路边去叫车，可以在办公室、在家里提前把车叫好。只要提交一个订单，附近几公里的车都可以看到，司机会主动来抢单。

不知道大家有没有发现，打车软件给你匹配的司机不一定是离你最近的司机。为什么呢？因为打车软件在统筹整个城市的叫车服务，它要实现的是在一个区域内车和乘客的匹配全局最优，而不是具体几单的局部最优。

乘客上车以后，司机可以根据导航规划的行车路线驶向目的地，这样外来的乘客即便对城市很陌生，也丝毫不用担心一些司机利用信息差宰客了。

有了打车软件，我们发现车好叫了，乘车的花费可以预估，行车的路线可以规划，行车的时间可以控制。这实实在在地改变了我们的生活，数字化开始深入人心。

顺便说一下，打车软件通过数字化，将复杂的不良结构问题解耦为相对的良性结构问题，将城市里庞大数量的乘客和车的匹配解耦为一单一单的具体任务，实现全局最优匹配，这种模式可能引领未来的分工革命，也是数字化执行力体系未来可能的形态。

近代很多商业进步常常是由分工方式发生的改变推动的。在本书中我们举了很多次老福特造车的例子。老福特对商业的重要贡献之一，就是他改造了生产流水线，细化了工人的分工。工人即便没有接受过太多的教育，也可以在接受短期培训后，熟练地掌握几项技能。他们在流水线上只需完成几个特定的操作，并不断重复它们，就能让整个公司的效率大大提高。生产流水线作为一条主线，把不同分工的工人连接起来，造出结构复杂的汽车。

这是工厂里的情况，进入新知识时代后，大量决策型公司涌现。在决策型公司里工作的人，工作的核心内容是思考做决策，这个过程很难像手工操作那样外化显现，所以决策型公司的流程不同于工厂。在决策型公司的领导梯队里，管理者的重要任务就是把时间跨度大、协作人数多的复杂任务，变成每个人每天很明确的工作。有的公司采用的是拆解任务的方式，在下一章，我们会专门谈到，更好的方式要通过目标管理体系来实现。

解耦针对不良结构问题，拆解针对良性结构问题。不少公司在执行上陷入了把本应该采用解耦的目标管理体系，变成了公司领导自上而下的硬性任务拆解的误区。

无论采用哪一种方式，大家是否想过这个问题：和打车软件相似，公司要完成工作任务和执行者的匹配，在传统的模式下，无论任务拆解还是目标管理体系，一定能实现匹配全局最优吗？

公司雇用一个人，常常是购买他整段时间的服务。少则一两年，长则直至他退休。在这漫长的时间里，千变万化的任务，不见得能和现成的执行者以最高性价比匹配。执行者单位时间创造的价值，也不一定能每时每刻实现最大化。

所以未来，数字化发展到一定阶段，人未必需要在公司里全职工作。就像现在很多司机并不隶属于打车平台一样，不同公司的不同任务，完全可以像打车软件一样实时解耦，在社会全局内寻找最优匹配执行者。而执行者也可以主动响应能实现自己单位时间创造最大价值的任务，就像今天的司机抢单一样。

这样，任务能以高性价比的方式高效完成，而执行者也可以实现自己单位时间创造价值的最大化。并且只要执行者真的有能力，就不用担心失业，因为执行者始终可以从全局找到适合自己的最优匹配任务。

因此数字化执行力体系的终极形态，解决的不是单个企业执行的难题，而是整个社会分工、就业的难题。从传统执行力体系走向数字化执行力体系如图1-7所示。

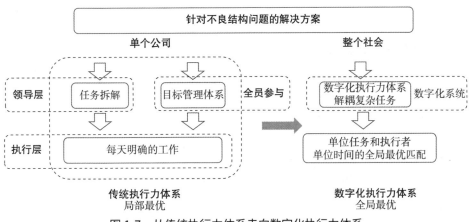

图1-7　从传统执行力体系走向数字化执行力体系

数字化和信息化的核心区别

继续回到数字化的话题上来。我们借交通出行这件事情，以地图为例，说清楚信息化与数字化的区别（见图1-8）。

先解释几个重要概念。原子世界，就是我们常说的物理世界，这个世界是由原子构成的。与之相对的虚拟世界，是由比特构成的。

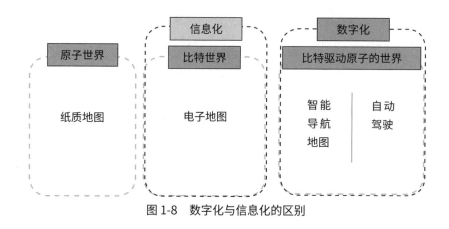

图 1-8　数字化与信息化的区别

我刚来北京的时候，用的是原子构成的纸质地图，出门就带在身上。那时，我每年都得重新买一张地图，因为北京的发展速度实在太快。今年用去年的地图，可能会让我乘错车，走错路，去错地方。

纸质地图用起来确实不方便。要在地图上找到出发点和终点再做路线规划，从几百条公交路线、地铁路线中，挑出自己应搭乘的，特别耗时耗力。

后来有了比特构成的电子地图。电子地图在信息化上迈出了一大步，你可以通过网络更新电子地图的内容。可以在电脑上方便地搜索起点在哪里，终点在哪里，中间的路线如何规划。这就方便太多了。

信息化反映既有的事实和数据，但还需要更进一步向前发展。

智能手机普及以后，电子地图也随之变得更智能。你不仅能方便地随时随地查阅地图，而且能随时随地知道自己所在的位置。规划路线也是通过实时信息计算每条路线可能花费的时间。你坐在车上，智能电子地图不但能规划行车的路线，还能实时提醒你何时进主路，何时出主路，何时该拐弯。

今天的智慧交通更进一步，无人驾驶技术已经兴起。数字化已不仅仅满足于帮我们找路，更有野心要帮我们开车。数字化变得"有智慧"了。

数字化不仅告诉你既有的事实和数据，而且会根据这些事实和数据指导你的行动。如果说信息化是把信息比特化，反映过去和现在，那么数字化就是用比特去驱动原子世界，进行面向未来的改变，就像无人驾驶一样，比特构成的人工智能系统驾驶原子构成的汽车。数字化甚至让原子比特化，例如智能制造，它让一个工厂，乃至一个行业变成了在数字化系统上运行的"原子 App"。

了解了数字化和信息化的区别，尤其了解了深度学习的特点，我们可以来对比一下，数字化与传统的模块化、流程化和结构化，在解决企业执行中存在的中度不良结构问题的过程中有哪些异同（见表 1-5）。

表 1-5　解决企业执行中存在的中度不良结构问题过程中的异同

模块化、流程化、结构化	数字化
都致力于解决企业执行中的中度不良结构问题，两者必然呈现融合的趋势	
人工设计	数字化、智能化
模块的复用，降低成本，提升效率，并让系统可复制，可扩展	自适应调整解决方案
与对象交互面相对有限，反馈相对慢、频次相对低	与对象交互面相对广，反馈相对快、频次相对高
明知识	暗知识

业务对象界定：数字化转型的起点

再温习一下前面的内容：执行是为了取得成果，而成果来源于替客户解决问题。按照结构化程度，问题可以被分为良性结构问题、中度不良结构问题和高度不良结构问题。

但这只是从结构化程度对问题做了分类，还没有回答一个关键的问题：如何来界定问题？如果问题无法被清晰界定，我们的解决方案又应瞄准什么？

业务对象界定在数字化转型中尤其重要

我们在谈到不良结构问题，尤其是棘手问题或者高度不良结构问题的时候，就已经说过有的问题是无法清晰界定的。但这并不意味着我们的解决方案就没有聚焦的对象。解决方案必须有聚焦对象，这个聚焦对象就是业务对象。

对业务对象的界定不同，最后会直接造成商业模式的不同和投入产出比的差距，任何生意都是如此。这个问题在数字化转型时尤为突出。"互联网＋"是由外至内的市场拖动，投入相对较低，且往往能产生立竿见影的营销价值。而数字化转型不同，它不但需要由外至内的市场拖动，而且首先需要由内至外的复杂系统设计，投入相对高，不但难以有立竿见影的效果，数字化转型进程还常因为系统设计理念的差异一波三折。由于业务对象界定是整个系统设计的起点，界定得好与不好，在未来都会随着数字化系统的扩展加倍放大，所以业务对象界定在数字化转型中尤其重要。

在数字化转型里，首先要界定业务对象。不同的业务对象界定方式，决定了不同的问题和解决方案聚焦的方向。

在营销界有这样一句名言：用户要的不是 5 毫米的钻头，而是要 5 毫米的洞。这就是关于业务对象界定的一种表述。它把业务对象界定为又快、又好、又安全地打出一个 5 毫米的洞，而不是看得见、摸得着的钻头。

因此一旦出现其他工具能多快好省且安全地打出 5 毫米的洞，那么用户很快就会抛弃他手里那个笨重的钻头。

这种业务对象界定方式至关重要，它应用了系统思维。

界定业务对象需要应用系统思维

在进一步阐述业务对象之前，我们先讲一下系统这个概念。

系统有 3 个构成部分：要素、连接、功能和目标。

要素是看得见和摸得着的事物。比如在赛马场上，马就是组成赛马场这个系统的要素。

连接是要素与要素之间相互的联系。还是在赛马场上，马匹配对出场的顺序就是它们之间的连接。

当要素彼此连接组成一个系统之后，这个系统就会呈现出自己的功能和目标。比如我们组成马队，参加赛马比赛，这个马队就会呈现出自己的竞争力，目标是夺冠。

大多数人看重的是要素而常常忽视连接、忽视系统。因为要素是实物，看得见、摸得着，但连接和系统超越了纯粹的感官，需要用理性去把握。

这两种不同的看待问题的方式会造成什么样的结果呢？田忌赛马的故事就是一个绝佳的例子。

田忌赛马

田忌和齐威王赛马。刚开始的时候，上等马对上等马，中等马对中等马，下等马对下等马。结果田忌的马全都一败涂地。

田忌的好朋友，著名的军事家孙膑刚好在场。孙膑告诉田忌，不需要换马，我有方法让你赢。你用你的上等马对齐威王的中等马，用你的中等马对齐威王的下等马，最后用你的下等马对齐威王的上等马。

田忌依计行事，果然做到了 3 局 2 胜。

在第一场比赛里，田忌主导了比赛。他眼中只有"马"这个要素，着眼点是如何让孤立的要素发挥最大的功能，最后失败了。而在第二场比赛里，孙膑主导了比赛，他看到的是整个赛马的系统，着眼点是让马与马的连接发生改变。一旦连接发生了改变，整个系统的功能和目标就全变了，让田忌的马队扭败为胜。

这就是因为业务对象界定不同而带来的截然不同的结果。

公司在执行中，首先需要界定好业务对象，并且要尽可能地把系统而不是单纯的要素界定为业务对象。

鼠药生意

多年前，美国一个地区的农庄闹鼠害。很多商家跑到这个地方做老鼠药的生意。

我们先想想这笔生意的业务对象是什么？有人可能会说是老鼠，有人可能会说是鼠药。照这样界定业务对象，该怎样把生意做大？你很自然地得出结论：要么让鼠药的毒性足够强，可以毒死更多的老鼠，要么让鼠药的价格低一点，把鼠药的生意做大。

有一家鼠药公司不这么想。它不是用看得见、摸得着的老鼠或者鼠药作为业务对象，而是界定出一个系统：老鼠、鼠药和农夫，并考虑3个要素的连接——鼠药当然要毒死老鼠，但更加至关重要的是，毒死的老鼠要被农夫看见。

正因为把业务对象界定为这个系统，所以这家公司的鼠药与众不同。老鼠把鼠药叼回鼠窝，吃了后不会马上毒发身亡，相反它会感到口渴，会爬出鼠窝，到水沟边找水喝，最后毒发身亡死在水沟边。

所以在使用了各种鼠药一段时间后，农夫们认为这家公司的鼠药效果最好，因为使用同样剂量的鼠药，农夫看见这家公司的鼠药毒死的老鼠最多。

从客观效果来说，这家公司的鼠药毒性可能不是最强的，杀死的老鼠数量也可能不是最多的。但可以确定的一点是，他们毒死的老鼠是被农夫看见的最多的。这家公司在界定业务对象时，就考虑到了老鼠、鼠药和农夫这三者形成的系统，所以即便使用同样的执行力度，成果却与众不同。

界定业务对象的 3 步骤

我们通过图 1-9 来总结一下界定业务对象的步骤，从而准确把握执行所要解决的问题。

具体来讲，界定业务对象包括 3 个主要步骤，一是列出系统里的要素；二是发散思考，找出要素之间可能存在的重要连接；三是找出核心要素、核心连接形成的系统，界定业务对象。

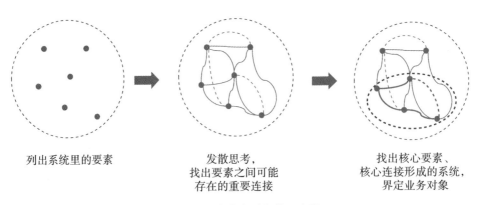

列出系统里的要素

发散思考，
找出要素之间可能
存在的重要连接

找出核心要素、
核心连接形成的系统，
界定业务对象

图 1-9　界定业务对象的 3 步骤

这里要特别注意一下第 2 个步骤，也就是发散思考（设计思维的特点之一），发挥想象力，寻找要素之间可能存在的连接。因为要素之间可能存在的连接方式不止一种。就像我们与我们的朋友一样，把我们连接起来的可能是共同的兴趣爱好、相互间的钱财往来、住所离得很近等要素。

不同的业务类型，要素和连接的重要性不同。就像孙膑在考虑赛马问题时一样，他不会把观众、赛马场、马夫等要素考虑进来，而是有取有舍，抓住主要矛盾，抓住核心要素和核心连接，使之形成一个系统，把它界定为业务对象来提供解决方案。

问题未必能清晰界定，但业务对象是可以清晰界定的，解决方案要始终聚焦业务对象。不同的业务对象会引导我们得出不同的成果，这对执行来说至关重要。

执行是这么一件事情：以解决客户问题为导向，但要聚焦业务对象。

创新降低成本，创意提高利润

数字化执行力体系的最终目标，是把人和组织解放出来，将更多的资源投入创新创意中，所以我们就要讲一下创新创意这两件重要的事情。

讲到创新创意，就不能不提成本和利润。

很多商业现象，有的一说就激动人心，比如增长、融资、上市等，甚至收入、利润也会让人的好感油然而生。不过遗憾的是，这些激动人心的事未必会发生。无论如何一定会发生的，且频次高到每天都在发生的事情是成本。

创新的首要价值在于降低成本

且不说公司的运营有成本，单说组成公司的每个人，即便只是满足最基本的生存需求，每天就都会有吃穿住用的成本产生。成本无时无刻不在产生，我们可以控制，但却没法根除成本。无论对谁来说，成本都是一个挥之不去的烦恼。

对成本，我们不应感到悲观。相反，我们要用逆向思维想一想，恰恰因为成本无时无刻不在产生，所以在商业上，成本可以大做文章。创新的价值就在于降低成本，除了降低客户的成本，还有降低企业本身的成本。当一项创新能够持续地、大范围地降低人和组织的生活或者运营成本时，我们就将这样的创新称为颠覆式创新。

颠覆式创新从远古时代就开始了。例如，语言的出现就降低了人们的沟通成本，继而降低了人们的协作成本。语言推动智人形成了最早的组织，组织可以大幅度地降低风控成本、热量（粮食）和能量获取成本，这让智人在诸多古人种中脱颖而出，打赢了很多古人种，征服了全世界。

文字符号的出现，让语言突破了时间的限制；后来印刷术的出现又让语言突破了空间的限制；再后来互联网的出现，让人类突破了交互的时空限制。人与人沟通协作的成本越来越低，分散在地球各个角落的人可以通过互联网轻松实现协作。因此文字符号、印刷术、互联网都是颠覆式创新。

能量、热量（粮食）、信息、时空等基本维度，关系到每个人、每个公司的生存和发展，越是接近这些基本维度的创新，就越能节约尽可能多的人力和公司的成本，就越能被视为颠覆式创新。

表1-6列举了一些典型领域的颠覆式创新与成本节约，在同一个领域里，比如交通出行领域，会同时存在几种不同的解决方案，比如汽车、火车、飞

机等，这是因为在这个领域里有多种主流场景，每种解决方案看似不同，其实都是适合某种主流场景的减少成本的最优解。

表1-6　典型领域的颠覆式创新与成本节约

典型领域	创新价值	所属创新
电力	节约人和公司使用能源的成本	成本节约
汽车	节约个性化交通成本	
火车	节约大规模交通成本	
飞机	节约长距离交通时间成本	
现代食品体系	节约人们获取热量的成本	颠覆式创新
互联网	节约人和公司获得和使用信息的成本	
人工智能	节约人和公司获得和使用智能的成本	

有的创新表面上提供了一项新功能，比如空气净化器，其实它仍然可以从节约成本这个角度去进行解释。空气净化器的实质是降低了我们获得新鲜空气的成本，否则你要么跑到山清水秀的远郊，要么得在家里面放大量的竹炭类净化用品。

许多新事物都把自己标示为创新，判断它究竟有没有创新的生命力，关键就要看它有没有真正地降低成本，以及从哪个维度，在多大范围内，多大程度上降低了成本？区别真创新和伪创新的标准就在于此。

数字化转型里充斥着大量的创新，包括伪创新，所以一个公司要采用数字化转型这一解决方案时，需要从公司、行业、关联产业等多个层面，对数字化转型所节约的成本做评估（见表1-7）。要特别注意的是：表格中的内容，最好是确切的数字，若没有准确数字，也可填写定性描述。

表 1-7 数字化转型节约成本的评估

评估层面	产品研发成本	营销销售成本	组织协同成本
公司层面			
行业层面			
关联产业层面			

创意的首要价值在于提高利润

和创新专注降低成本不同，创意的价值在于帮助公司提高利润。

一个奢侈品品牌的包，在帮助客户节约成本上，绝对不会比菜市场 5 角钱一个的塑料袋要好。但奢侈品包存在市场，是因为奢侈品包蕴含着创意，具有溢价能力，或者说提升利润的能力。

创意主要与两件事情相关，一个是意义，一个是情绪。意义是文化赋予的，具有社会性。而情绪虽然也具有社会性，但跟我们的动物躯体结构不无关系，尤其跟我们的激素密切相关。

意义是关于为什么的问题，也就是我们为什么要这样做。比如我们坚信人生是有意义的，因此无论遇到多少坎坷挫折，我们都要顽强地活下去；爱情是有意义的，因此无论玫瑰上的刺会扎得人有多么手疼心疼，我们都不放弃对爱情的热烈追求。

在意义中，具有强社交要素的意义尤其值得关注。比如奢侈品包，它的很大意义在于圈层认知、身份认同和社交拓展。一旦产品和服务的创意被赋予很强的社交意义，那它的溢价能力就会非常强。

情绪，尤其是掺杂着大量激素分泌的情绪，往往也会推高溢价。今天的短视频大行其道，核心原因不在于视频这种形式，而在于人工智能已经掌握了每个人的激素分泌机制，并从海量的视频库中个性化地挑选出内容来推送。

当产品和服务能将意义和情绪融合在一起时，溢价能力往往会更强。比如在食品这个品类中，这种现象就尤其明显。好的食材能从生理上刺激人体激素的分泌；另外，它还具有很强的社交意义，高昂的价格有时会被认为代表一种莫大的尊重和诚意。意义和情绪融合在一起，使得定价的方式不会采用简单的成本加利润的方式，而是以极高的创意溢价的方式定价。

综上所述，建设数字化执行力体系，最终是为了把企业的创新力和创意力解放出来，这样企业就能构建 π 型增长结构（见图1-10）。其中，创新解决市场接受广度的问题，企业的创新力越强，推出的创新越贴近人类生存和发展的基本维度，市场接受面就越广；创意解决市场接受深度的问题，企业的创意力越强，越能获得品牌溢价，定价方式就会跟竞争对手区别开，切实提高利润。

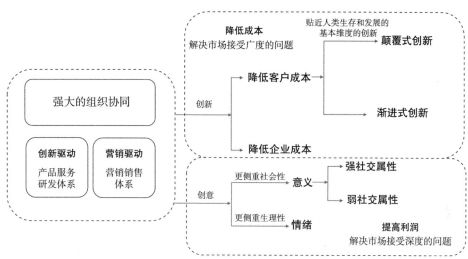

图 1-10 数字化执行力体系的最终目标

三层目标管理体系

在某古籍中有这样一个小故事。

一个财主去朋友家做客。朋友家很有钱，建了一栋三层高的楼。财主站在第三层楼上，极目远眺，大好风光尽收眼底，让人好不惬意，财主心里那叫一个羡慕。

回到家，财主就开始招呼工头来，要他也给自己建一栋三层高的楼。工头答应下来，选好地方就开工了。动工没有几天，财主火急火燎地跑到现场，一看工匠们还在挖地基，三层楼还没有一点影子呢。财主就问工头，我要的三层高楼呢？工头回答，这不就是在建吗？现在正在打地基，很快就要修建第一层、第二层，然后才是第三层的高楼。

财主一听气急败坏，直骂工头愚蠢——他要的是第三层高楼，所以要建的只是第三层。在财主看来，打地基，修建第一层、第二层楼纯属浪费。

这就是成语故事"空中楼阁"的由来。

没有战役支撑的战略是空中楼阁

财主说的没错，最美丽的风光自然要在最高的第三层看到。但这第三层的存在，少不了脚下第二层、第一层，尤其是深埋在地里看不见的地基的支撑。

我们在上一章里讲到了成果意识。确实，如果企业真正解决了客户问题，创造了客户价值，把钱从市场上持续收进来，这就有如站在高楼的最高一层，看到的是美不胜收的风景。

但这个美不胜收的风景，必须要有庞大体系做支撑。想要有美不胜收的第三层楼，就得先从打牢地基开始，再把第一层、第二层扎扎实实建起来。**执行力体系建设与此类同。**

建立支撑体系支持成果产出

让我们把时间倒回到一百多年前，回顾商业史上的一个奇迹——福特 T 型车。

先说一下福特 T 型车的战绩。它于 1908 年推出，1927 年停产。在不到 20 年的时间里，销售了超 1500 万辆。要知道在 1927 年，世界的总人口只有 20 亿，而在 2022 年，世界总人口已经超过 80 亿。在人口基数如此小的情况下，取得 1500 多万辆的销售业绩，确实非常了不起。据说在鼎盛时期，福特 T 型车占全球汽车总产量的一半还要多。

这款卖了将近 20 年的 T 型车，作为产品来看非常单调，甚至车身颜色都没得选，只有黑色一种。老福特还曾经开玩笑说，顾客可以任意选择他所中意的颜色，只要中意的颜色是黑色就行。

T 型车的战果让无数企业家羡慕，这就好比我们站在最高层看到的壮丽风光。

但把 T 型车支撑起来的体系是非常庞大和惊人的。

仅在 1910 年，福特汽车公司就已经有超过 3 万名员工在为 T 型车工作，之后员工数量还不断增加。为了保证生产流水线高效地运转，老福特在底特律修建了当时世界上最为壮观的工厂，铺设了铁轨，好让原材料和零件能及时送到生产流水线上，并且在园区里逐渐集成冶炼厂、玻璃生产厂甚至是发电厂等。

消费者走进汽车销售门店，购买以后很快可以把车开回家。消费者要的是一个整体解决方案，帮助他们实现安全、舒适、经济实惠的出行，并能彰显社会地位和推动社交。消费者不太关心这个解决方案背后集成了多少技术、整合了多少零件，每个零件又是通过多少道工序、采用什么原材料生产出来的。

是的，消费者只关心你能不能为他解决问题，企业则关注为消费者解决问题而取得的成果，聚焦界定好的业务对象。但从执行角度来说，仅仅关注成果和聚焦业务对象是远远不够的，你还必须关注在背后支持这些成果产出的各种要素——首先是人。

聚焦人

执行首先要把"人"想清楚，如何理解人的价值、作用和意义，直接决定一个公司的命运。公司是由人构成的组织，要在组织这个背景里去理解"人"的意义。

粗略来说，在近百年的商业发展中，从目标和决策维度进行透视，大概出现了 3 种类型的组织：指令型组织、决策型组织和创新型组织。3 种组织的特点见表 2-1。

表 2-1 从目标和决策维度透视出现的 3 种组织

指令型组织	决策型组织	创新型组织
自上而下定目标	自上而下 + 自下而上定目标	自下而上定目标
寻求确定性，追求把事情做对	应对不确定性，追求做对事	创造新的确定性，追求做新事

（续表）

指令型组织	决策型组织	创新型组织
金字塔结构，决策重心在塔尖	树根系结构，决策重心在腰部	大平台，小前端结构，决策重心在小前端
代表如传统工厂	代表如咨询公司，金融公司	代表如前沿创新公司
创造水平财富		创造垂直财富

注意表 2-1 是从目标和决策维度来透视组织，而不是以组织架构来透视组织。

如果以组织架构来透视组织，那么传统的工厂和金融公司都属于科层式组织。但从目标和决策维度来透视，传统工厂属于指令型组织。工人要执行工头的命令，他们的所有操作工头都看得见，可以监督指导。工头执行上层经理的指令，以此层层向上追溯。最重要的决策由工厂的高层做出，然后发出指令层层下达执行。

金融公司虽然强调下级服从上级，却是不折不扣的决策型组织。上级只能告诉下级战略意图，无法机械地监督和指导下属的每一个行为，尤其今天的高科技公司更是如此。市场瞬息万变，每个人都要实时处理自己面对的新情况，制定自己的战术目标，做出自己的决策。我们常把商场比作战场，一方面是因为商场的竞争就像战场的战斗一样残酷，另一方面是因为今天的商场越来越像战场，冲在业务前端的员工越来越需要实时处理新情况，制定自己的战术目标，做出自己的决策去灵活应对各种变化。

其实即便在最严苛的指令型组织里，仍然需要各级经理人广泛收集信息，制定自己的战术目标，做出自己的决策。老福特就曾经无视这一客观规律，一心打造福特帝国，把整个工厂牢牢地控制在自己手里。所以他剥夺了很多经理人应有的知情权，禁止他们去打听自己工作之外的信息，即使这些信息看起来和他们的工作紧密相关。比如，冶炼厂需要用到大量的煤，但冶炼厂的厂长竟然无权知道每天烧的煤的价格是多少。

老福特甚至在工厂里安插了很多眼线，紧盯着那些经理人。如果有人妄图自作主张做决策，不听从老福特的指令，等待他的只有被解雇的悲惨命运。

在老福特的高压下，福特公司开始走下坡路。直到后来他的孙子接过了福特的大印，引入了现代管理体系，才把福特公司从颓势中挽救回来。

有效的执行，要在战略、战役、战术三个层面实现协同。公司高层制定战略目标，做出战略决策。战略制定好，还必须有执行才能落地。想要有效执行，就要允许中基层在战略大框架下，参与制定战术目标，甚至是战役目标；做出战术决策，甚至是战役决策。

如果公司高层不满足于把控战略层面，还要把控战役甚至是战术层面的目标和决策，就像老福特所做的那样，公司会逐渐失去生气，优秀的人才也会逐渐流失。

但另一种极端是，公司高层只负责把控战略目标和战略决策，而对战役层面的目标和决策放任不管。缺少战役层面有效的目标管理体系，各个经理人就会各行其是，工作缺少衔接和协同，整个公司的执行流程会变得支离破碎。公司员工如散沙一盘，形不成合力。要解决这个问题，就需要用到战略解码、关键绩效指标（Key Performance Indicator，KPI）拆解或者目标和关键结果（Objectives and Key Results，OKR）等工具。

氢原子不但给客户提供这些服务，而且即便氢原子规模不大，也仍然会每年为自己做战略解码，制定 OKR。临近年关，只有把战略解码做好，每个员工才会对来年工作怎么开展心中有数，才会安心、开心地过大年。

我们用《三顾茅庐》这个家喻户晓的历史故事，帮助大家理解其中的奥妙。

三顾茅庐

三顾茅庐的时候，刘备已经是一个年近半百的中年创业者，诸葛亮比刘备整整年轻了 20 岁，当时不到而立之年。

其实刘备也是 20 多岁开始创业的。刘备的天然优势在于他是皇室之后。按照中国封建社会的正统观念，群雄相争，应该是刘备这样的皇室后代坐天下才对。此外，刘备是出了名的宽厚仁义，很得人心。他的结拜兄弟关羽曾经被曹操俘虏，尽管家底雄厚的曹操对关羽青睐有加，但关羽最终过五关斩六将，回到刘备身边。

虽然刘备有这些优势，但在遇到诸葛亮之前，刘备屡战屡败、颠沛流离，事业始终没有大的起色。

在三顾茅庐的故事中，诸葛亮给刘备讲了一席话，这一席话转化为文字，不过 300 多字。但刘备听后茅塞顿开，一下子心悦诚服，跪倒在地，再三邀请诸葛亮出山帮自己。

这段 300 多字的话究竟隐藏了什么玄机，能让创业 20 多年还找不到出路的刘备茅塞顿开呢？

这席话就是大名鼎鼎的《隆中对》，我们先看看原文：

自董卓已来，豪杰并起，跨州连郡者不可胜数。曹操比于袁绍，则名微而众寡。然操遂能克绍，以弱为强者，非惟天时，抑亦人谋也。今操已拥百万之众，挟天子而令诸侯，此诚不可与争锋。孙权据有江东，已历三世，国险而民附，贤能为之用，此可以为援而不可图也。

荆州北据汉、沔，利尽南海，东连吴会，西通巴、蜀，此用武之国，而其主不能守，此殆天所以资将军，将军岂有意乎？益州险塞，沃野千里，天府之土，高祖因之以成帝业。刘璋暗弱，张鲁在北，民殷国富而不知存恤，智能之士思得明君。将军既帝室之胄，信义著于四海，总揽英雄，思贤如渴，若跨有荆、益，保其岩阻，西和诸戎，南抚夷越，外结好孙权，内修政理；天下有变，则命一上将将荆州之军以向宛、洛，将军身率益州之众出于秦川，百姓孰敢不箪食壶浆以迎将军者乎？诚如是，则霸业可成，汉室可兴矣。

这 300 多字，把刘备夺天下的宏图大业做了战略解码。刘备有远大的志向，但梳理不出来支持这个志向的体系，找不到让愿景成真的实践路线，诸葛亮就替他梳理了出来。

这 300 多字主要分成两部分，一部分分析关键力量，一部分分析关键根据地。

先说关键力量。当时大大小小的创业团队很多，但诸葛亮认为，除了刘备团队，只有两个团队值得注意，一个是曹操的团队，他们占据了天时。一个是孙权的团队，他们占据了地利。诸葛亮不但抓大放小，预见了未来三分天下的格局，而且在《隆中对》里，诸葛亮还替刘备厘清了和这两个对手的关系。前期不可以与曹操硬碰硬，也不要去打孙权的主意，相反要和孙权紧密团结起来。

接着他开始分析关键根据地。诸葛亮相中的是益州，也就是今天四川一带。因为这里地大物博，物产丰富，非常适合做根据地。在这里扎根下来，慢慢休养生息，等待时机的变化，就有机会夺取天下。

在这个部分，诸葛亮特别分析了荆州这个关键要塞。荆州的地理位置决定了它具有战略意义，所以要刘备把荆州夺下来，从这里西进巴蜀，将来天下局势有变，就可以从这里出兵去打天下。

诸葛亮还讲到了可能的中局和终局，分析了从当前局势向中局和终局推进所牵涉的关键要素：主要竞争对手是谁？根据地在哪里？关键要塞在哪里？这些内容，诸葛亮用 300 多字就勾勒出来了，难怪刘备听了茅塞顿开，立刻心悦诚服。

所谓决定性点（decisive point），参考《美国军事术语解读词典》[①]，可定义为：指挥官就特定行动方案做出关键决定的空间和时间点，包括重要的地理位置、特定的关键事件、关键要素或者功能，等等。而当战斗打响的时候，这些决定性点就会变成目标，确立了目标，才能确立好行动任务。最重要的目标成为最重要的行动的基础。本书最后一章会专门讲怎么确定"决定性点"

---

① 程勇，马建华 . 美国军事术语解读词典［M］. 中国科学技术大学出版社 .2016:135.

这个问题。

诸葛亮早于美国人将近 2000 年，就做出了这种战略解码。简单讲来，在战略层面上确定要获得什么成果，实现什么愿景确实很重要，但还要在战役层面，圈出决定性点，确定好目标，这样才能安排执行的行动。否则执行如没头苍蝇一样，四处乱撞，越用力，执行得就越糟糕。

到这里大家可能会有疑问。既然诸葛亮这么善于战略解码，为什么最后蜀国还是败了呢？其实成也诸葛亮，败也诸葛亮。刘备想匡扶汉室一统天下，他有战略目标，但是没有战役目标。诸葛亮做了战略解码，帮刘备确定了战役目标，然而诸葛亮并没有帮蜀国建立起一套战术目标管理体系，三层目标管理体系出现了断层。

所以你看蜀国打仗怎么打？一排兵布阵，诸葛丞相就会给大将一个锦囊，仗打到紧要关头，打开丞相的锦囊，依计行事，这仗八成就打赢了。简单说来，就是战术目标怎么拟定，诸葛丞相也替执行层包办了。这就弱化了执行层面人的能动性，减少了他们提升战术目标管理水平的机会，这也是后来蜀国人才越来越少的原因之一。所以后来才出现"蜀中无大将，廖化作先锋"的悲剧。

战略解码一旦出现断层，组织的执行力就会大打折扣。如果在战略、战役、战术三个层面不能培养出目标管理的能力，那组织的执行力就往往依赖于组织中个别超级能手的个人能力，而不能成为延续和持续发展的组织能力。

千斤重担人人挑，人人头上有目标

多年前在看《赢在中国》的时候，牛根生常挂在嘴边的一句话让我印象非常深刻：千斤重担人人挑，人人头上有指标。今天想来，改一个字，这句话更加精彩：千斤重担人人挑，人人头上有目标。

指标和目标，一字之差，韵味却不相同。"指"，是别人指派的、上级的指令。"目"，是自己看到的，在自己前面的，更加有奔头。

目标管理得从战略贯穿到战役和战术

要想建立强大的执行力体系，目标管理就得从战略贯穿到战役和战术。

雄才大略的诸葛亮在《隆中对》中为刘备集团做了战略目标解码，确定了战役目标。之后你再看《三国演义》，大半个故事就是围绕着这些战役目标的实现展开的。

但最终诸葛亮却"出师未捷身先死，长使英雄泪满襟"。为什么？因为蜀国缺少有效的战术目标管理体系。诸葛亮实在太善于定目标了，所以在《三国演义》里，你看到有他出场的桥段，都是他定好目标别人去执行，而且执行的效果似乎很不错。长此以往，人们就养成了对诸葛亮的依赖，执行要依靠他给的锦囊妙计。偌大的蜀国毕竟只有一个诸葛亮，一旦他驾鹤西去，就会导致目标管理体系的崩塌，最终战略目标、战役目标再也无法落地。

有人评论《三国演义》中的诸葛亮"多智而近妖"，因为《三国演义》是本小说，不完全是正史。里面如空城计、草船借箭等，都是罗贯中移花接木的戏法。不过这句话也可以从另一个层面来理解，诸葛亮实在太"多智"了，他的目标管理方法在战术层面压抑了很多人才的成长，更不用说成长为战略、战役型人才。

氢原子战略、战役、战术快速诊断工具

针对类似的问题，氢原子开发了一个在战略、战役、战术三个层面的快速诊断工具（见图 2-1）。适合在培训和咨询前期帮助企业快速做出诊断。

我简单说一下企业常遇到的一些问题。

战略规划不清晰是很多企业常遇到的问题之一。但这本书主要讨论执行，而且我们主张在战略规划不清晰的情况下，先把执行理顺，打好基本盘，反哺战略规划。所以关于战略的问题，这里不做过多讨论。

就执行来说，有的企业缺乏得力的中层，因此没有足够多、足够好的战

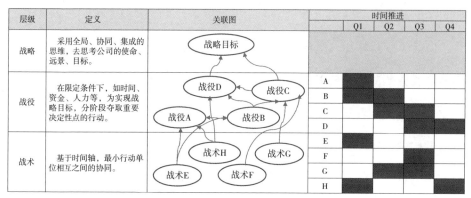

图 2-1 氢原子战略、战役、战术快速诊断工具

役规划承上启下，没有首尾相接、相互呼应的战役支撑起战略目标的实现（如何规划战役，看本书最后一章）。这类企业在规模较小时，还可以拥有一定的执行力，但其规模越大，执行力就变得越弱。最后企业卡在一定的规模上不去，甚至开始走下坡路。

还有一种情况是"战术迷信"。比如在营销上，公众号流行起来了就去追公众号，认为只要请几个得力的人把公众号做起来，营销的问题就解决了；直播流行起来了就去追直播，认为只要架起灯光、摄像机，有几个能说会道的主播，就可以把商品大量卖出去。总之，就是认为只要跟进最流行的战术就一定会达成战略目标。

但更常见的情况是像诸葛亮一样，缺乏有效的目标管理意识。中层的目标不是自己"看见"的，而是来自高层的指令。同样，基层的目标也不是自己看见的，而是来自中层对高层指令的进一步拆解。高层的目标也许是自己"看见"的，但他只想把自己看见的目标转换为指令，把公司看作一台机器，期待把指令输入机器后，这台机器就能以最快的速度、最低的成本输出想要的结果。很遗憾，这样做且不论效率和投入产出比，只输出的结果常常就会大大低于老板的期望值。

这就是把目标和指令混为一谈了，要把战略落地执行，需要一套有效的目标管理体系。所以我们要多花费点笔墨，来谈谈 OKR 这个工具。

OKR

我们再把目光重新聚焦到今天，谈谈 OKR。

最近几年，大家有没有体会到 OKR 掀起了一股热潮，风靡中国的商界。你到机场的书店随便瞄一眼，醒目的位置摆满了一排 OKR 的书；打开微信公众号，随时可见宣传 OKR 的热文和视频。各地热闹举办的有关 OKR 的讲座、培训、咨询会，参会者蜂拥而至，现场气氛总是热气腾腾。当然，把这一切推向高潮的还是以字节跳动为代表的公司，布局了一系列关于 OKR 的数字化工具，比如飞书。

这股热潮前所未有，以至于我们会形成这样的错觉，OKR 是随着数字化转型出现的新事物。但其实回过头去看，半个多世纪前就已经有 OKR 了。

1979 年 11 月下旬的一天。英特尔的一位地区销售经理给他的老板鲍威尔发去了一封电报。这封电报居然长达 8 页，电报对英特尔的前景表示了担忧，字里行间透露一种悲凉的感觉。老板不敢怠慢，很快把电报发给了时任英特尔总裁的安迪·格鲁夫（Andy Grove）（也就是《只有偏执狂才能生存》的作者）。

一石激起千层浪，这封电报把英特尔高层本来已有的担忧推向了高潮。

就在前一年，英特尔刚刚发布了16位微处理器8086，当时看起来市场前景很不错。然而现在看来，才短短1年的时间，8086微处理器已经走到了命运的岔路口。各路竞争对手，尤其是实力雄厚的摩托罗拉推出了竞品，且摩托罗拉的产品的优势也很明显——速度更快、更容易实现编程。

商场上短兵相接，本来是司空见惯的事情。但是8086微处理器对英特尔来说意义完全不一样。如果就单个产品而言，只靠卖8086微处理器，财务收益其实有限，但8086微处理器具有战略意义。它包含多项技术创新，在当时的发展潮流中，如果它能在市场上站稳脚跟，就会发生连锁反应，放大销售价值，加强英特尔微处理器在行业内的影响。因此，面对强劲的竞争对手，能不能打好8086微处理器的销售硬仗至关重要。

于是英特尔决定发起一次特别行动，英特尔内部把这次特别行动称为"粉碎行动"（operation crush）。这样取名寓意很明显，要把竞争对手打个措手不及粉碎竞争对手，让他们没有还手之力。话虽如此，但形势紧迫，英特尔短时间内根本不可能针对竞争对手的产品重构8086微处理器的产品优势，所以英特尔就把这一特别行动的重心放在了营销和销售上。

要打赢这场硬仗，需要把公司上上下下所有相关部门的人都动员起来，全力投入战斗。这意味着不同层级、不同部门、不同专业的人，短期内要迅速聚拢在一个战略目标下，高效协作。非但如此，每个人还得非常清楚自己的目标是什么，以此来确定自己该如何决策，如何行动。如果做不到这一点，就会像许多战场上出现的悲剧一样，一方参战的士兵虽多，表面上数量优势很大，但因为不知道自己该做什么，只能像没头苍蝇那样乱撞，人越多阵脚越乱，最后反而容易被对方攻破。

但万幸的是，早在 1968 年，格鲁夫就受德鲁克目标管理（MBO）的启发，发明了 OKR，并在英特尔推广使用。现在，英特尔决定还是借助这个工具，打赢"粉碎行动"这一场至关重要的战役。

先说一下目标和关键结果的关系。

有的人不太理解，定目标就定目标，为什么还要把和目标相关的关键结果也写出来呢？

说一个历史小故事，大家马上就明白了。还是《三国演义》里面的故事。

我们都知道赤壁之战的时候，周瑜一心想把诸葛亮给除掉，所以他就给诸葛亮定了一个目标，说我们打仗需要十万支箭。然后激将诸葛亮，你既然这么能干，有没有办法在十日之内拿出十万支箭来。

旁边的人一听，就知道这是周瑜想陷害诸葛亮。因为按照当时的生产水平，十天之内无论如何造不出十万支箭来，这个目标太遥不可及了。诸葛亮如果接受了这个目标，那十有八九完不成，要掉脑袋；如果不接受，就相当于被周瑜公开羞辱了一回。

让周瑜没有想到的是，诸葛亮不但接受了这个目标，而且还把十日缩减为三日，并且签了军令状。后面的故事大家都知道了，诸葛亮没有召集造箭的工匠们加班加点，而是草船借箭，从曹操那里弄来了十万支箭。

目标达成，周瑜不禁感叹，诸葛亮神机妙算，我真的是不如他。

如果周瑜给诸葛亮定的不仅是一个目标，还把和目标相关的关键结果也写在军令状上，那诸葛亮就钻不了空子了。比如，加入对箭的长度、材质等特征的描述，加入东吴的弓箭手试射这些箭的满意度等。不过，诸葛亮肯定不会照单全收接受周瑜的 OKR，而会另拿出一套自己的 OKR 来。

简单地定一个目标，而不考虑与目标相关的关键结果，会给管理留下很大漏洞。就像我们前面谈到的一样，销售驱动型组织给销售定下的销售目标，常常是一个具体的数，并把这个数作为奖惩的标准。但如果这个目标没有与之相关的关键结果，没能让我们清楚达成这个目标会有什么具体的影响，就会给后续的经营管理埋下隐患。比如销售给客户做了言过其实的承诺，纯粹的财务目标是达成了，后续合作中客户感觉上当受骗，一定不满意，甚至公开批评，这将给企业造成负面影响，长远来看，企业反而损失了更多的销售机会。所以设立销售目标，也要考虑到达成这个目标会给客户、供应商及其他利益相关者等带来什么影响。

因此格鲁夫认为，目标管理不能仅仅看目标，目标只解决我们想去哪里的问题。还得加上和目标相关的关键结果，它会解决我们如何正确地向目标迈进的问题。

此外，目标的设立还分为承诺性目标和挑战性目标。简单说来，承诺性目标就是应该做的事，挑战性目标是梦想做的事。如果每次制定的 OKR 都能100% 完成，说明要么只是完成了分内之事，要么就是没有梦想，不敢去挑战。所以，OKR 鼓励大家设立具有挑战性的目标。

格鲁夫在 1968 年提出了 OKR，到"粉碎行动"启动时已经过去 10 多年了，英特尔修炼 OKR 多年，现在要用一场硬仗来检验 OKR 在关键时候能不能发挥效力了。

参与行动的每个人、每个部门都要制定 OKR。OKR 的制定过程是自上而下和自下而上的结合，需要整个企业群策群力。

之所以要自上而下，是要保证个人目标和战役目标强相关，战役目标和战略目标强相关。这样才能有聚焦的方向，让参与"战斗"的每个人都有自己明确的目标。而且 OKR 是透明的，每个人都能查看其他人的 OKR，既能了解别人的目标，也能看见与目标相关的关键结果，这种知情权可以减少对彼此目标理解的歧义，更好地实现协同，保证了协同的效果和效率。

而之所以要自下而上，是因为首先，这样做是发挥每个人的主动性，让他们感到自己在为明确的目标而战，而不是单纯服从领导的指令；其次，这种大的"战斗"要解决的是不良结构问题，问题本身就在不断变化，对变化的感知来自每个奋斗在一线的人。公司高层试图给出的结构化解决方案，常常远远落后于不良结构问题的演化，所以一定要让参与"战斗"的人来制定自己的 OKR（关于这个问题，本书最后一章中还会进行专门讲解）。

在"粉碎行动"中，因为 OKR，还涌现了很多英雄和传奇故事。

例如英特尔的一位销售经理意外地抓住了一个机会。当时 IBM 内部正在秘密推进一个项目——一个划时代的产品，IBM 需要为这个新产品物色外部微处理器供应商。作为"粉碎行动"的成员，英特尔的销售经理积极地向 IBM 项目负责人展示了 8086 微处理器领先的技术能力，并且强调如果 IBM 使用这个微处理器，英特尔会提供全方位的支持。

由于项目是秘密进行的，IBM 的员工无法向英特尔的销售经理明确说明微处理器的具体使用场景。

英特尔的销售经理非常有耐心，他首先尊重 IBM 保密的要求，在此基础上努力帮对方解决问题，这让 IBM 的项目组非常满意。归根结底，是 OKR，而不是领导的指手画脚，让英特尔的销售经理最终出色地攻下了 IBM 这个大客户。

"粉碎行动"最终大获全胜，英特尔的销售成绩比预先设想的还要好。

1981 年，IBM 推出了第一台个人电脑，命名为 IBM Model 5150，配备的就是以 8086 微处理器为基础改良的 8088 微处理器。搭载着 8088 微处理器的 IBM Model 5150 开启了一个全新的个人电脑时代，也彻底改变了商业计算。

到 1986 年的时候，8086 微处理器已经占据了 16 位微处理器市场 85% 的份额。

这是 8086 微处理器的胜利，也是 OKR 的胜利。

如果你想了解更多关于 8086 以及 OKR 的故事，可以阅读《这就是 OKR》[①]，也可以访问英特尔官方网站获取更多资料。

目标管理的思想最早可以溯源到德鲁克。1954 年，德鲁克出版了具有划时代意义的著作《管理的实践》。在这本书中，他提出了目标管理，从此开创了管理学这门学科。

德鲁克认为管理者既不能被动地适应经济环境，也不能做简单的经济动物，而要先看到企业的希望，然后把它变成现实。当管理者积极主动地去应对经济环境，甚至改变经济环境时，才称得上是真正的管理。所以德鲁克认

---

① 杜尔. 这就是 OKR［M］. 曹仰锋，王永贵，译. 北京: 中信出版社，2019.

为，真正的企业管理是目标管理，这一思想贯穿《管理的实践》全书始终，是德鲁克思想精髓之一。

氢原子目标管理实例

许多为提升执行力而打造的常用工具，例如战略解码、平衡计分卡等，采用的就是群策群力的方式，帮助执行者们理解公司的战略目标，进而实现自上而下和自下而上的结合，规划出战役层面和战术层面的目标，尤其是战役层面的目标，去支撑公司战略目标的落地。

我们氢原子是个规模不大的公司，大家既是战略的规划者，也是战略的执行者。即便如此，我们每年也要花 3~5 天去做战略解码，把战役规划出来。必要的时候，例如市场出现了新的机遇或者风险，就要立刻做额外的战略解码。

2022 年，氢原子的经营遇到了不小的挑战。在一次战略解码会上，我们意识到一个问题：热爱学习的人越来越多，具体知识的变化也越来越快，今天还很实用的知识，明天可能就过时了，所以人们越来越注重学习"知识的知识"——思维方式。

此前，氢原子花了将近一年对各种思维方式做了整理，发现分类思维是各种思维方式的基石（见图 2-2）。在信息大爆炸的今天，人们不仅要面对越来越多的庞杂信息，而且还要面对越来越多的不良结构问题。

正是通过战略解码，我们发现"化繁为简：用简单分类解决复杂问题"可以成为一个战略目标，因为无论工作还是生活都需要化繁为简。

战略目标还要解码为战役目标，整个战役以"书"为主线，连接起直播、

图 2-2 分类思维是各种思维方式的基石

传媒、培训等。2022 年，我的合伙人罗蓓推出《化繁为简：用简单分类解决复杂问题》一书，并于同年 8 月在刘润直播间首发，一个晚上就销售出 1500 多本。此后，该书又多次冲上当当、京东的排行榜前列，2022 年 11—12 月，蝉联京东通俗类读物第一，并跻身新华网好书书单、虎嗅好书书单、《出版人》杂志与开卷推出的年度书单。与此同时，罗蓓也走上了一刻 Talks、总裁读书会等舞台。越来越多的企业，如瑞德设计、宇视科技、中国移动、中国联通等，认同化繁为简的理念并邀请罗蓓进行相关培训。

规划好战役，制定了相关的 OKR，还只是把执行做到了第二层，接下来还需要向战术层面渗透。我们在每个战役启动前都要花两三天来做战役解码，从战术层面上设定目标。我们还有每日早餐会制度。早餐会一般有两项内容，一是讨论战术 OKR，二是围绕当期重点战役，共同观看一些商界前辈讨论相似问题的视频，或者能够了解客户最新发展动态的新闻，以此找到 OKR 设定的新灵感。

流程：打破段到段，拉通端到端

简要回顾一下前面讲的内容。应对中度不良结构问题，可以采用模块化、流程化、结构化以及数字化转型的方式，并且要构建战略、战役、战术三个层面的目标管理体系。目标不同于指令，它的制定必须群策群力，使自上而下和自下而上相结合。千斤重担人人挑，人人头上有目标。

但一个新的问题又出现了。公司的模块太多，目标太多，有没有主线把它们串起来呢？

答案是有，这个主线就是流程，而且是端到端的流程。

任何一个流程，不管是好的流程还是糟糕的流程，都有起点端和终点端。我在前面讲过，设计执行力体系，尤其是设计数字化执行力体系时，首先要界定好业务对象。业务对象界定不同，一个公司的主流程的起点端和终点端就会不同，主流程走向也会不同，执行成果将大相径庭。

比如前面举的老鼠药的例子。生意做得最好的鼠药公司，把业务对象界定为要让农夫看见被药死的老鼠，这是典型的以市场为导向。一旦这样界定业务对象，公司业务主流程的起点端一定是农夫灭鼠的需求，终点端一定是农夫超预期的满意度。

如果这家公司的战略解码做得好，打通战略、战役、战术三个层面的目标管理体系，主流程从起点端到终点端一定在不断优化，包括如何增强客户认知、提高效率、降低成本、增强效果等。

但不少公司会出现这样的情况，把业务对象界定成了老板个人价值的实现：主流程的起点端变成了老板的想法，而且大多是老板拍脑袋想到的"好主意"，终点端则是老板的满意度。这类公司容易形成浓厚的办公室政治，消耗主流程的效率。

这类公司的生命力跟市场环境和老板的"想法"紧密相关。市场景气的时候，到处都是机会，老板如果有好灵感，企业抓住了好机遇，仍然可以取得不错的成绩，公司执行力不足的弊端也会被掩盖起来。然而，在市场不景气的时候，一旦机会驱动力减弱，需要执行力强有力地补上时，公司最大的弊端也就出现了，显得力不从心。

所以要考察一个公司的执行体系，首先要看它的主流程的起点端在哪里，终点端又在哪里，接着再看它的流程体系是段到段的，还是端到端的。

将优秀作业实践固化为流程

数字化转型的核心目的之一，就是打破段到段，拉通端到端。

我必须说明，**绝对拉通端到端的公司不存在，而段到段的情况每个公司或多或少都有**，只是在某些公司体现得更为明显罢了。

比如在关系型组织里，段到段的情况特别明显。

以某些制造企业为例，制造业的很多赛道，缺少爆发式增长的可能，企业很难拿到金融资本的投资。工厂典型的起家模式是——老板的三亲六戚、发小闺蜜，分别凑点钱，让工厂有了雏形。

工厂的起步过程很艰难，老板常常对早期资助者满怀感激，在工厂做大以后，把他们也安排进工厂，其中的一些人成为管理者，也有一些人虽然不是管理者，在老板面前说话却很有分量。

因此，外来的职业经理人想要融入，很可能会感到举步维艰。特别是在建立专业化流程、消除公司弊病时，他们往往会发现，管财务的人是老板的小姨子；被自己质疑的小工头是老板的小舅子；想要更换的供应商，背后有座"大靠山"。

公司里山头林立、拉帮结派，公司的主流程也被"山头"切成一段一段的组织，常常卡在一个"山头"就走不下去了，执行力低下、效率低而成本高。若是当想做的创新必须打破既有的利益格局时，更是难上加难。

我在给企业做数字化转型的培训时，经常先向大家分享商鞅变法的故事，目的是让大家明白，数字化转型要把段到段打破，把端到端拉通，类似商鞅变法，必然影响既有的利益格局。数字化转型的第一个难点不是技术问题，而是利益格局的重新设计，它需要的是设计思维，而不是技术思维。

讲到端到端，我们顺便讲一下公司执行体系不可或缺的组成——供应链管理。

执行是为了解决客户的问题，但执行未必总要依靠公司的一己之力。例如餐馆就不可能既种菜又送菜还做菜，大多数餐馆只能聚焦在把菜做好、为客人提供舒适的就餐环境、把客人服务好而自己依靠供应链来完成种菜、送菜的工作。

作为给客人提供最终解决方案的餐馆，要做好执行，不能所有事情全包，而要做好端到端的管理。具体来说，是用端到端的流程，把餐馆里的各个业务模块、每个人的目标串联起来。

那究竟什么是"端到端"？它和供应链又有什么关系呢？

我将用大家都熟悉的在餐馆点菜、上菜的场景，解释"端到端"。

客人在餐馆点菜，发起需求，这就是起点端。菜做好后被端上桌子，菜品成功交付，这就是终点端。

这两个端点大家都很熟悉。客人点好了菜，就开始或玩手机，或与朋友谈笑风生，等着服务员把菜端上来。至于两个端点之间的各个环节，则交给餐馆进行操作。

对这两个端点之间发生的事，客人只关心两件：一是上菜快不快；二是上来的菜的品质好不好，至于餐馆怎么买菜、洗菜、切菜、配菜、炒菜，客人大多不会关心，他们更不会关心后台有几个灶、有几个大师傅、几个小徒弟，以及各个环节是怎么协调配合的。

业务场景的不同，直接决定端到端流程的不同。

（场景 1）点一瓶可乐

在这个场景里，从"点菜"到"上菜"的两个端点间的链条非常短。几乎在客人发起需求的同时，服务员就能把可乐递给客人，差不多能即时满足客人的需求，而且在绝大多数情况下，可乐的品质一定符合客人的预期，餐馆买到的可乐口味大概率和客人平时在超市买的没有什么区别。

（场景 2）点一盘宫保鸡丁

在这个场景里，从"点菜"到"上菜"的两个端点间的链条就稍微有些长。服务员在收到客人的需求后，需要把需求准确地传递到后厨。由于这是个常见菜，制作流程早已成型，不需要大师傅出手，一个小徒弟三两下就可以炒制出来。虽然比拿取可乐慢了一些，但还是能很快将菜端上桌。

（场景 3）中午客人多，短时间内大量客人都在点菜

在这个场景里，从"点菜"到"上菜"的两个端点间的链条就有些复杂了。虽然客人发现餐馆里一下多了很多人点菜，但他们不会因此降低对自己所点菜品上菜速度的要求。我们经常在繁忙的餐厅里听到此起彼伏的催上菜的声音。

这么多并发的需求，对后厨是一个考验。如果依然按照做完一个菜再做下一个菜的"单链式"流程推进，很多客人的"端到端"流程将变得非常漫

长，客人最终会失去等待的耐心。

模块化处理可以很好地应对这一复杂情景，具体来说，就是把后厨的灶台分为大灶和小灶，对宫保鸡丁这类点得多的菜，用大灶一次性炒若干盘，而对海参、鱼翅这类客人点得少的菜，就用小灶炒制。

简而言之，餐馆的后厨想要同时处理如此多的需求，就不能再采用"单链式"流程，而要考虑把后厨的资源网络式地组织起来，借助模块化实现资源的实时协同。

（场景 4）大型会议聚餐，对菜品的需求有较大的波动

在这个场景里，需求波动量很大，从"点菜"到"上菜"的两个端点间的链条愈发复杂。

饭店一般会承接各种会议的大型聚餐，这种会议聚餐每次都会有几百甚至上千位客人，举办时间有时一两天，有时一两周。大多情况下，大客户一年只来一两次，但每次消费较高，对服务的要求很明确也很苛刻，这意味着，"端到端"的服务时间要尽可能短、菜品的品质要尽可能高。

问题在于，接待大客户的饭店也会有淡季，淡季时可能几周，甚至几个月都没什么生意，饭店不可能为了一年几次的业务高峰，聘请大量厨师，增设大量灶眼。

怎么办呢？考虑到客人关注的是饭菜的口味，因此只要最后的炒菜环节由店内大厨完成即可，至于前面的洗菜、切菜、配菜等都可外包给其他公司，让他们按照要求做成半成品送过来，饭店再进行深加工。

采用供应链的方式，业务少的时候饭店自己不用养大量员工，业务多的时候，饭店同样能保证"端到端"的服务时间尽可能短，菜品品质尽可能高。

所以供应链存在的最大意义，是应对市场多变、波动大的需求。

说到这里，还没有说到供应链管理的精髓。

（场景 5）点菜的客人越来越多，而且要求越来越个性化

我们继续以饭店为例。

饭店运营三五年后，逐渐总结出一些最佳的执行路线。比如，同样是会议包席，对山东的客人，经理会找 A、B、C 供应商；对浙江的客人，经理会找 D、E、F 供应商。简单说来，就是供应商也模块化，经理把这一规律总结成为攻略，在经理休假时，其他人遇到同类情况，也可按照这一攻略解决问题。

但 5 年、10 年后，随着饭店的规模越来越大，客人的需求越来越个性化，上面的方法就行不通了。不要说不同会议的客人对菜品的要求不同，甚至同一张桌子上的客人也对菜品有不同要求。

比如，过去客人吃饭不挑口味，大家都要宫保鸡丁，一口大锅就炒出来了。现在的客人在点宫保鸡丁的同时，还提出了很多个性化需求——这个要求辣一点，那个要求不放辣椒；这个要求咸一点，那个要求淡一点……

这些客人突然间同时涌来，同时提出若干需求，需求越变越丰富。他们不会考虑饭店还要服务其他客人，对"端到端"的时间要求依然是尽可能短，对菜品质的要求依然是尽可能高，这两点始终不变。

一口锅怎么能同时满足若干互相矛盾的需求呢？大锅炒菜的方法失灵了。

面对这样的需求变化，仅仅靠以往经验总结的攻略，已经不够了。要解决这一问题，还要回到流程上来。

流程是业务流的一种表现方式，是优秀作业实践的总结和固化，目的是保证不同团队在执行流程时能成功复制。

如何找到最佳业务流程

越符合业务流的流程就越顺畅。

如何寻找到最佳业务流程，并将其固化为最优流程呢？

我们可以用一个常见事物来类比——地图。

端到端，就是把起点看作一个端点，把终点看作另一个端点。传统的流程就如传统纸质地图，都需要画出路线。

传统纸质地图的优点是直观呈现可能的路线，但缺点是无法告诉你什么是最优路线。

尤其在公司执行体系构建的过程中，公司的业务并不是静态的，而是时刻都在发生变化的，最佳业务流程没那么容易找到。

解决方案之一就是看前人写的攻略。这就像我们要到一个陌生的地方去旅游，不知道选什么线路好，自然会到网上搜索达人们的线路攻略，然后根据自己的需要进行总结，草拟出中意的路线图。

这种流程提供了很多经济、文化、体验方式的经验参考。借助之前自己或者他人经验的总结，我们可以更好地提炼出从起点到终点的线路攻略。

不过这一线路攻略也有缺点。它毕竟是过去总结出的可能的最优线路，无法告诉你现在和未来的最优线路。尤其是它依托的往往是粗略的经验，没有对所有实时可能的线路做精细化运算对比，也没有对未来可能的线路做精细化的预测和规划。

这个时候，就要使用高德地图、百度地图这样的智能地图对线路做进一步优化。

传统纸质地图只能让线路线性化，同理，传统执行力体系也只能让流程显性化。

依托经验总结的攻略为选择最优线路提供了策略参考，但无法反映实时路况，反映不了各路段的冲突和矛盾，更无法在汇集实时路况信息的时候，为我们提供能满足我们限制条件的最佳线路。

而真正的智能地图，早已经把各个路段（流程）高度颗粒化、信息实时化，你可以提出限制要求，比如时间最短、红绿灯最少、换乘最少，等等，智能地图可以迅速把你的"端对端"要求放置在实时的成千上万的"端对端"中，为你实时找出最优线路。

流程与业务流偏离太大，比如导航定位过于粗疏，以 10 米计，就肯定会造成主辅路不分、转弯不及时等误导实际业务流的情况发生；而过于精确，比如精确到毫米，又会浪费流量、基站等资源，毫无必要。

智能地图的流程恰到好处地贴近了实际业务流，过滤掉与实际业务流无关的信息，聚焦在核心价值交付上，它没有给你描述诸如一路的鸟语花香等看似诗情画意实则与行车线路无关的信息，同时不会错过某处发生车祸、路面施工等突发情况。

稍微总结一下，现代流程体系是一种能力，而不是我们被动执行的纸面条款。

这种能力让我们能够识别出最佳业务流程。这种识别应该是基于流程被分到适合的高颗粒度（并不是越高越好，和实际业务流贴合最重要，太高了造成浪费），能够实时捕捉信息、运算对比出最佳业务流程，并能对未来做出预测。

企业无论规模有多大、能力有多强，都不能无限制地增加生产线、员工，就像一个城市，无论怎么扩建、怎么修路、怎么拓宽道路，其行动的空间都有上限。这个时候，就要进行流程优化，做精细化计算，让不同流程相互协调起来。

流程化之上是数字化，这也是数字化执行力的要义之一。

每辆行驶中的车都有自己的起点和终点，有自己个性化的"端到端"需求。这些车同时开上路，城市会出现拥堵。过去解决此问题的办法是修环线、修高架、把路拓宽，尽管如此，还是会出现大量车突然涌到大家都以为可以畅通无阻的那条路上的情况，把不该堵的路也堵了。

从组织职能的维度去想解决问题的办法，其投入产出的表现犹如一根抛物线，到了一定规模，投入产出比就变低了。同理，我们不难发现，还没有做到以流程为中心的公司想到的解决端对端冲突的办法，通常是强化某部门职能或者增设部门，久而久之，得到的结果却很可能是部门与部门之间的墙越来越厚，端到端的效率越来越低。

今天解决该问题的方式是以流程为中心，综合考虑每条路的路况，以及每个红绿灯、每所学校的放学时间段、每个路段的施工情况，等等，根据实时路况为每辆车设计个性化的端到端路线，让车辆行驶畅通无阻。

看到这里，相信聪明的你大致已经想到，如何优化流程去解决前文提到的饭店遇到的难题了吧。

记得酷特智能董事长张蕴蓝、邓斌和我在《总裁读书会》候场聊天时，张总说了一句对制造业未来极有洞察力的话：高度的定制化，其实是高度的模块化。

我曾和"好牙医"的创始人孙广峰交流，他谈到牙科和眼科的不同——牙科比较依赖医生的个人手艺，所以小诊所特别多，而眼科更加依赖设备，所以眼科连锁机构更多。

其中涉及的区别是以人整合流程，还是以流程整合人。

综合这些观点，可以得出这样的结论：有生命力的公司，是以客户价值创造为切入点设计业务流，以业务流为根本设计流程，以流程整合人，从而实现高度贴合业务流的颗粒化、高度标准化以及智能化的流程协同。

这同样适用于互联网企业、文创企业。

我们追求的境界是智能地图的口头禅：前方道路拥堵，但您始终在最优路线中。

第三章 / "纵"（人）

领导梯队建设

执行都是人在主导。所有关于执行的问题，归根到底还是人的问题。

秦末，项羽和刘邦争夺天下。这本来是一场没有悬念的争斗，项羽是盖世英雄，能征善战，尤其在巨鹿之战中，他破釜沉舟，大破秦军主力，加速了秦朝的灭亡。相比之下，刘邦出身市井，早年游手好闲、不务正业，很难想象他居然能和项羽争天下。

最终的结果我们都知道了：项羽灭了秦王朝，却是刘邦得了天下，这是为什么呢？

核心原因之一在于双方领导梯队建设的不同。

刘邦得天下之后，有一次宴请群臣，酒喝多了，要大家说真心话，为什么是我刘邦而不是项羽得了天下？酒桌上，高起、王陵两个人说："陛下慢而侮人，项羽仁而爱人。然陛下使人攻城略地，所降下者，因以予之，与天下同利也。项羽妒贤嫉能，有功者害之，贤者疑之，战胜而不予人功，得地而不予人利，此所以失天下也。"

大概的意思是，刘邦虽然还有市井气息，但是懂得领导梯队建设，所以身边能干的文臣武将越来越多，而项羽虽然有英雄气概，却不懂领导梯队建设，所以身边能干的人都离开了。这就是刘邦得天下而项羽失天下的原因。

高起、王陵的观点直击要害，我们就以范增为例分析一下。范增是项羽身边的第一谋士，项羽对他很尊重，称他为亚父，意思是对他的尊重仅次于自己的父亲。

可最后项羽还是中了刘邦的离间计，范增不得不离开项羽，又气又病，死在了回乡的路上。范增的死让项羽失去了左膀右臂，从此在重大决策上再没有人帮他拿主意，并直接导致了他的失败。而给刘邦出离间计的陈平，最早也是项羽阵营的，因受不了项羽而投奔刘邦；还有带兵打败项羽的韩信，也出自项羽阵营，后来同样投奔到刘邦旗下。

据说项羽乌江自刎前仰天长啸：天亡我，非用兵之罪也。连写《史记》的司马迁都觉得荒唐，认为项羽不反思自己领导梯队建设的问题，反而把失败归因于外在原因，实在太荒谬了。

角色认知：成熟领导者的第一课

想成为卓越的领导者，首先要分清领导者角色和自我的不同，更好地进入领导者角色。不是所有人都能很好地进入领导者角色。项羽就是这样，一旦起了疑心，大脑被情绪而不是理智所控制，连自己最尊敬的亚父范增也要被扫地出门。而刘邦虽然市井气息很重，看起来贪酒好色，却对自己领导者角色的认知非常清晰。

刘邦的角色认知

从一个小例子可以看出刘邦的领导者角色认知能力。

韩信是刘邦旗下得力的军事将领，但刘邦压根不喜欢韩信。韩信打下齐国后，派使者见刘邦，要刘邦封自己"假齐王"。刘邦勃然大怒，又砸碗又摔杯子，大骂韩信不是东西，需要韩信兵力支援时韩信不来，现在却跑来讨封。

旁边的张良偷偷踩了刘邦一脚，就是这么一个小小的动作，刘邦瞬间清醒，马上明白了张良的意思，得天下不能没有韩信这样的军事大才。之后，他迅速控制住自己的情绪，进入领导者角色，改换说辞，对韩信派来的人说道"男子汉大丈夫，要什么假齐王，要封就封真齐王"，真封了韩信为齐王。

这是一种很强的领导者角色认知能力。人能收放自如地控制自己强烈的情绪很不容易，尤其是在盛怒时。刘邦非常清楚，被情绪推着做事是一回事，扮演领导者角色做事又是另一回事。只要需要，他随时可以在两种状态间切换。

扮演好领导者角色不是容易的事。要把角色演好，领导者常常需要逆性格做事，就像刘邦一样，关键时刻能够立刻放下个人的好恶和情绪。因此领导者不是天生的，而是需要在现实中"事上练"，磨炼自己的心性。

唐僧的领导力

不知大家是否想过，在《西游记》里，唐僧表面看最无能，手无缚鸡之力，遇事只会打坐念经，非但不能降妖除魔，有时还会人妖不分。但他为什么能成为领导者呢？为什么能让神通广大的齐天大圣孙悟空心悦诚服地称他为师父呢？

其实通过对比孙悟空的两次出走，就可以揣摩出领导力的要义，以及领导梯队建设的成果。

孙悟空第一次出走是在取经的前半段,三打白骨精的时候。唐僧人妖不分,只会念紧箍咒,非要把孙悟空逐出师门。孙悟空离开团队后一个筋斗云,回了自己的大本营花果山。在那里,孙悟空可以放飞自我、自由自在。此前,孙悟空之所以参与取经,与其说是出于信念,不如说是被强迫,多少有些不得已而为之。

孙悟空第二次出走是在取经的后半段,也就是遇到六耳猕猴时。这次他离开团队后去了哪里?他没有回花果山,也没有放飞自我,而是去了南海观音那里。因为这时他的心中已有了信念。

吴承恩把六耳猕猴写得和孙悟空一模一样,天上地下诸多神仙都区分不出来,最后六耳猕猴被孙悟空一棒子打死。其中的寓意是孙悟空告别了过去的自己,六耳猕猴正是缺少信念的孙悟空,现在它被有信念的孙悟空战胜了。

孙悟空专业能力出众,能上天入地,懂七十二变,可谓无所不能。唐僧虽然名为师父,却没有教过孙悟空任何专业技能,但他自始至终都是一个有信念的人,这和他文弱的外表形成鲜明对比。最终这种信念推动了孙悟空的成长,在经历诸多的"事上练"后,孙悟空终于蜕变为一个既有专业能力还有信念的领导者。

这就是领导梯队建设的力量:取经团队早期动不动就闹分家,到后来凝聚力越来越强,连孙悟空这样无拘无束、敢大闹天宫的野猴子,最终也进入了领导者角色。

无论能力有多强,领导者始终需要不断矫正自己,使自己更加贴合领导者这一角色,这既要靠"事上练"来成长,也少不了有识之士的推动和帮助。

这里不能不提一下比尔·坎贝尔（Bill Campbell）这位硅谷传奇教练。

硅谷传奇教练

比尔·坎贝尔有很多身份，比如橄榄球队教练、财捷的首席执行官、乔布斯的朋友等，但让硅谷诸多精英念念不忘的，是他曾作为教练帮助很多商业领袖的成长，比如谷歌的前首席执行官埃里克·施密特（Eric Schmidt）。一开始，别人建议施密特接受比尔的帮助，施密特还不屑一顾，他一直在各个重要公司身居要职，在当时的他看来，比尔只是曾做过橄榄球教练而已，凭什么能对自己指手画脚？

但施密特和比尔一见如故，并接受了比尔的指导，此后 15 年共同相处的时光，也让施密特久久难忘。比尔去世后，施密特还牵头写了关于比尔的著作《成就》。

在书中，施密特谈到了自己的另外一部著作——《重新定义公司：谷歌是如何运营的》。书里写到，施密特认为快速创新的关键在于拥有一群有创新创意精神的人，他们头脑足够聪明，公司要做的是提供给他们放大成功的环境。

后来为了写《成就》，施密特采访了几十位曾接受比尔教练指导的硅谷精英，他意识到《重新定义公司：谷歌是如何运营的》还漏掉了一个很重要的部分——精诚合作的团队。而比尔就是这么做的，在谷歌，他不只是指导施密特少数几个人，而是指导整个团队。就像橄榄球队，仅靠少数几个耀眼的明星，是不能取得成功的。只有整个团队通力协作，球队才会焕发出超强的生命力。

　　之所以大家对乔布斯、施密特、桑德伯格等人耳熟能详，却很少知道他们背后的传奇人物比尔，是因为正如沃顿商学院教授亚当·格兰特（Adam Grant）所说，比尔喜欢把聚光灯打在别人身上，自己则躲在阴影里。

　　这些都事关领导梯队建设。

领导梯队步步高

我们应该把团队，而不是个人（即便是耀眼的明星）作为执行的基石。

《成就》里讲过这么一个小故事。2001年，谷歌进行了一次激进的组织结构改革，想发起去组织化的运动，工程部门不再设经理职位。

这样看起来可以减少职务层级，让员工获得更大程度的自由，谷歌的两位创始人都支持了这个疯狂的想法。

这与他们的经历是分不开的。早年，他们看到互联网的商机，放弃学业着手创业，但他们留恋学校里自由自在的环境，不喜欢被人管理，在创立谷歌之前，他们也没有什么在大公司的工作经验。

此时比尔刚好开始接触谷歌，对两位创始人的想法，他报以审慎的态度，建议在工程部恢复经理职位。但主张改革的人觉得没有经理还不错，双方的观点僵持不下。

比尔决定让事实来说话，他走到工程部的员工队伍里去，问工程师们想不想有一位经理？他得到了相似的答案，工程师们还是想有经理，以便自己能有学习的榜样，同时，经理还能帮助他们打破事情的僵局。

最后，谷歌只好在工程部又恢复了经理职位。

从这个小故事不难看出，对一个执行力强的组织来说，领导梯队是必需的。管理咨询大师拉姆·查兰（Ram Charan）在《领导梯队》等著作中，以类似通用电气这样的跨国大集团为范本，梳理了六层领导梯队，他勾勒出来的是领导层级而不是职务层级。

每个公司的情况不同。某些公司的领导层级分得更细，但大多数公司，尤其是中小企业，则会合并一些领导层级的职能。

这些领导层级究竟是六层还是八层并不重要，重要的是在公司里，领导梯队应该是分层级的，即便是谷歌这样高度推崇员工自主权的高新技术公司，也不能贸然取消中间的领导层级。

结合对拉姆·查兰相关理论的研究，以及氢原子服务企业的经验，包括氢原子自身的商业实践，我认为应该选出一些关键维度，例如信息、时间等，来透视拉姆·查兰所梳理出来的六层领导梯队。这会帮助我们更清楚领导梯队的意义，更好地在公司里建设领导梯队。

我对拉姆·查兰的六层领导梯队做了如下的进一步透视（见图3-1）。

我们需要清楚这里的领导梯队指的是管理者。虽然我们强调个人也要自我领导，但纯粹的执行者，也就是说不管理他人的人，并不包含在这个梯队里。

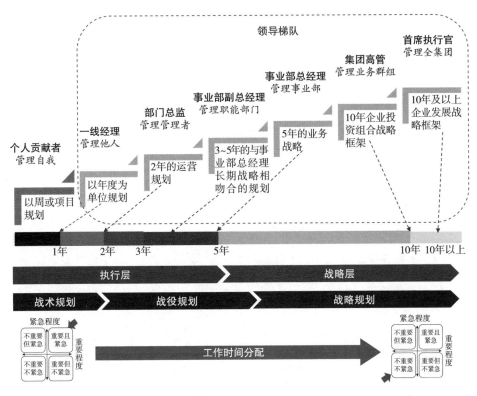

图 3-1 从时间维度透视六层领导梯队

从时间维度透视领导梯队

透视领导梯队的第一个重要维度是时间。

时间是资源，也是限制性维度，每个人每天只有 24 小时，不会多也不会少。

但同样的时间用来做不同的事，创造的价值大不相同。

史蒂芬·柯维（Stephen Covey）在《高效能人士的七个习惯》里，从紧急性和重要性两个维度，采用四象限分类法，把我们要完成的事情分成4类。

- **重要且紧急**：比如明天就要提交客户的重要方案，今天你肯定要安排出大块的时间，将这个方案做出来，或者让它更完善。
- **重要但不紧急**：比如健身，这对我们保持健康至关重要。但健身适合做长久的安排，持之以恒的练习才会有效果，健康不能靠短期突击健身获得，要的是细水长流。
- **不重要但紧急**：比如取快递。
- **不重要不紧急**：比如躺在床上刷短视频、打游戏等。

我们每天的24小时被这4类事情塞得满满的，不留一点缝隙，史蒂芬·柯维建议我们学会区分事情，尽可能提高效能。

短期来看，在一天里，我们应该优先做重要且紧急的事情。但如果你把目光放长远，以3~5年去审视，就要把更多的时间拿出来做重要但不紧急的事情，比如健身、陪伴家人、不断学习让自己成长，等等。

人生就像一辆跑车，我们自然会把注意力放在驾驶上，但更重要的是，要记得给这辆车加油，每隔一段时间就给它做保养。只有把重要的事情做好，我们才能获得更多的精力、能量、资源，才能更好地做其他事情。

时间还有另外一个维度，就是我们目光所及的范围。向前看多远，向后看多久，处在领导梯队的不同位置，目光所及的范围是不一样的。

诸葛亮七捉七放孟获

再拿《三国演义》来举例。我上中学的时候，看《三国演义》，看到七捉七放孟获的桥段，非常困惑。当时刘备逝去没几年，诸葛亮为匡扶汉室操碎了心，还在"夙夜忧叹，恐托付不效，有伤先帝之明"。但他和孟获打仗，就好像在玩猫捉老鼠的游戏一样，捉了就放，放了又捉。明明一次战斗就可以决定成败，为什么要重复七次呢？这在《三国演义》的其他战役中很少见。

长大后我明白了，诸葛亮在乎的不是一城一池的得失，他的目光相当长远。对诸葛亮来说，最重要的事是匡扶汉室，一统天下，完成刘备的遗志，这是全局。所以后来他才会明知事不可为而强为之，六出祁山。孟获处在边陲的少数民族聚集地，这是局部。如果只求一次战斗的成败，并不是什么难事。但是今天抓了孟获，明天就会出来张获、李获，让蜀国的大后方始终不得安宁，影响匡扶汉室的大业。

诸葛亮之所以七捉七放孟获，是因为他看中了孟获的实力，认为他可以代表蜀汉把这一方水土治理好。而七捉七放的目的，是为了让孟获死心塌地地归降蜀汉，更是让蜀汉少了后顾之忧，全心做自己该做的重要事情。

所以单从局部战役来看，你会觉得诸葛亮的做法很可笑。但把目光放长远一些，你会发现诸葛亮的战略布局最大限度地降低了局部对全局的不利影响。

决定性点

上一章我们说过"决定性点"的问题。执行时，人们很容易只考虑当前，比如近几个月，甚至是近几周、近几天的决定性点。但在领导梯队中，层级越高，就要越往前看，审视公司业务未来 3 年、5 年甚至更长时间的发展，对前进路上可能会有的决定性点，提前做好战略布局。

决定性点有两个特征：一是会对战役的成败有决定性作用；二是相对的稀缺性，谁先占有谁有优势。

一些具体的行业案例可以帮助大家理解。

商业地产行业就很注重决定性点。时光倒回二三十年前，中国正处在快速的城市化进程中，城市规模不断扩大，地价也在不断攀升。记得 20 多年前我在北大读研究生的时候，北京的四环还没有完全修起来。那时的新东方，其总部设在一条泥泞的路旁，而那条泥泞的路就是北京今天宽阔的四环的前身。

仅仅 20 多年过去，现在五环、六环甚至七环都有了，北京城的商业地产可作为的空间也在不断扩大。许多原本看起来不起眼、不值钱的地段，随着城市建设的发展，在三五年里价值翻了好几番。因为做生意需要有商铺，有办公室，而地段是具有稀缺性的，尤其对快消零售业、餐饮业等来说，能不能提前做好布局，直接决定企业大不相同的成本结构。

也大概是在 20 多年前，互联网兴起了。有些人开始动起脑筋，把线下的生意搬到线上，线上也有类似房地产的生意吗？还真有，这就是个人电脑时代的网站——但凡在网上开门做生意，肯定要建个网站。

就像线下商业地产，好的地段四通八达，人们容易找、容易去一样，网站的网址也遵循同样的道理。理论上网址的数量是无限的，但人们只记得住简短好记的网址，这样的网址获得访问的概率自然就高。即便后来有了网站导航和搜索引擎，情况也是如此。以京东为例，京东官网的网址关键词最早是 360buy，后来改为 jd。

有人早早看出其中的门道，提前做了布局，在大家还没有意识到网址价值的时候，以很低的价格注册了许多网址，将网址资源掌握在手里。如果再有些战略目光，判断出未来线上生意可能的业态，让这个网址的名字和客户的生意产生关联，那这个网址在未来就更值钱了。

果不其然，电子商务迅猛崛起，一时间好的网址变成了难得的宝贝。没有提前几年做战略布局的企业，只好花高价从别人那里把自己中意的网址买过来。

承上启下的"总监"

回过头来看我们的领导梯队建设。在这个梯队所处的位置越高，就要看得越长远，比如你是事业部总经理，就要想到未来 5 年事业部的业务可能发展成什么形态？业务范围会扩展到哪里去？在这些业务范围内，可能会遇到哪些决定性点？有哪些决定性点已经在我的版图之内？有哪些决定性点在未来 5 年内可能会更稀缺、更有价值？这样的决定性点即便我今天用不上，也要赶快把它拿下来。

那是不是看得越远越好呢？其实也不是，你当前看的范围当然不能小于你现在所处领导梯队的要求。但看高看远，也要提防好高骛远，可以略高，不能太高。

华为就有这样一个故事。一个刚进华为不久的高才生给任正非写了洋洋洒洒的万言书，抨击华为的弊病，陈述他认为华为应该有的战略。不想任正非看了以后，对他的想法毫不理会。

为什么会这样？首先，领导梯队中各领导层级各有职责，要在自己的职责范围内把客户的问题解决好。本职工作没有做好就跨越多个层级去想、去做自己不应该想、不应该做的事情，只能耽误自己的工作和公司的发展，没有其他的好处。其次，还有个特别重要的原因，不同领导层级掌握的信息和拥有的思维方式不太一样，做决策的方式也有很大的差别，不能轻易改变。这个部分，后面我们在讲到用信息和思维透视领导梯队的时候会展开分析。

结合前面讲的四象限分类法，越靠近执行层，越需要看眼前的业务，这个时候应该重点做重要且紧急的事情。越往领导梯队的上层走，越要看更大范围内的未来业务，这个时候应该重点做重要但不紧急的事情。如果公司重金请来一个首席执行官，而他每天都在帮经理层甚至执行层揪细节，改错误，忽视未来的战略布局，那对公司来说是莫大的浪费，也说明这个公司的领导梯队以及执行体系的建设有问题。

对未来的战略布局一定要落实为执行规划。领导梯队之所以要分层，就是要把公司战略层面、战役层面和战术层面的执行规划拿出来。尤其是战役层面的执行规划，承上启下，非常关键。

在领导梯队的各个领导层级中，要特别注意总监这个层级。在很多公司里，总监这个层级是执行层和战略层的交界地，承上启下，非常关键。总监们往往主导各种重要的执行，同时又是更高层在制定战略时重要的信息、智慧来源。

总监要能深刻理解公司的战略规划，以此做好能把战略规划落地的战役规划。战役规划往往由总监在事业部总经理的指导下完成，甚至由总监独立完成。总监最好能拿出来两年的战役规划，在变化比较快的市场，也要拿出至少一年的战役规划。他要能辅导经理和员工们制定战术目标，熟知各种战术工具的优劣。他们要对市场上流行的新的战役玩法、战术玩法保持高度敏感，而且要有超强的学习能力和指导能力。不仅自己学得会新玩法，还要教得会团队掌握这些玩法。

一言以蔽之，总监所有的努力都是为了承上启下，让战略规划落地。

需要注意的是，领导梯队中总监这一层级在公司对应的不是某个行政头衔或称呼，它可以被称为总监，也可以是经理、高级经理，或者是事业部总经理。称呼不重要，重要的是要加强对这个层级的培养。总监既要有战略思维，又要有战役规划和战术落地能力，对其要求的综合性程度超过其他领导层级。

即便从职责维度来透视领导梯队，总监也是管理者成长中的第一道最难逾越的坎（见图3-2）。除了我们之前所说的挑战，还因为总监是领导梯队里第一个管理对象全是管理者的领导层级。这意味着他要领导执行层的全局，却又不能时时盯着执行者的操作。

不是所有人都能适应这种转变的，总监最常见的问题就是变成救火者。一个人是经理时可以盯着执行层，防止火灾发生。成为总监后则变成了常常被经理报告着火信息的角色，这个时候，一些总监会疲于奔命地去救火。

总监抵制不住的一个诱惑就是替经理层甚至执行层做事。按照拉姆·查兰的分析，这是各类人才在领导梯队向上走时最常出现的情况。他们还没有

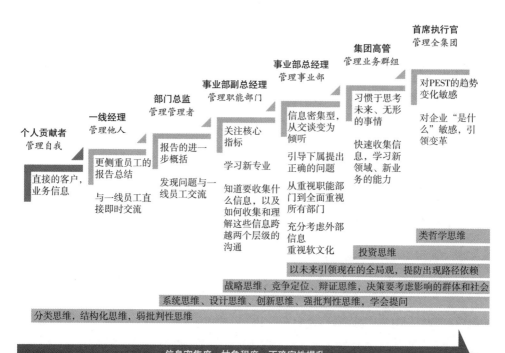

图 3-2 从职责、信息和思维维度透视领导梯队

完全进入新的领导角色，也还没有找到比尔那样的教练的感觉，还不知道如何帮助下属成长。或者说，他们还没有熟练地掌握如何建设自己所辖范围的目标管理体系。

从信息维度透视领导梯队

下面我们要谈一个透视领导梯队的特别重要的维度——信息维度。透过信息维度，我们才能深刻理解决策的机制，理解良性结构问题和不良结构问题的区别，理解战略与战术的区别。

情报破译

让我们先回到第二次世界大战时的英国。

众所周知，英国是一个岛国，远离欧洲大陆。当时英国有很多物资需要从欧洲大陆运过去，所以德国对英国进行了海上封锁，只要有船只或者飞机试图往英国运东西，德军就会发起猛烈的攻击。这种封锁让英国陷入了物资紧缺的窘境。

英国人面对的最大问题是缺乏足够的信息来做战斗决策，他们非常渴望获得德军的情报，这样就可以提前部署反击德军的行动。那时战场上主要的通信工具是无线电报，截获无线电情报不是什么难事，难在德军对自己的无线电情报做了加密处理。

德军采用了一种叫恩尼格玛的加密机来加密情报，这种机器的加密算法极其复杂。德军估算了一下，按照当时的破译技术，破译恩尼格玛加密过的情报需要好几千万年，而德军的军事行动用不了几千万年。

英国人深知正确的决策必须要有充足的信息，如果没有足够的情报，很难对德军发起有效的反击。因此英国人在布莱切利庄园秘密召集了很多专家，希望他们能够破译德军情报。最开始，他们招募了语言学家、密码学家，甚至拼字游戏冠军。

但即便这些人加班加点，也没有在破译德军情报上取得实质性的进展。

直到他们迎来了阿兰·图灵（Alan Turing），事情才有了转机。图灵整编了破译队伍，把那些拼字游戏冠军开除，招募了更多的数学家。图灵意识到，仅靠手算，无论来多少天才，破译德军情报都会遥遥无期，所以他向首相丘吉尔提起申请，请求他批准资金，好让自己造出能够破译密码的机器。

虽然物资高度紧缺，但丘吉尔深知破译德军情报的重要性，抱着试试看的心态，批准了图灵的申请。最终功夫不负有心人，图灵终于造出了能破译恩尼格玛加密情报的机器。这就是现代电子计算机的雏形，机器加密的算法也只有机器才能破译。

德军对自己的恩尼格玛加密机盲目自信，很长一段时间，他们并不知道自己的情报已经被破译了。英国人仿佛走进了德军的指挥作战中心，对他们的作战动向了如指掌，很快就发起了有效的反攻。最后的结果我们大家都知道了，正义的力量取得了绝对的胜利。

从这个故事中我们不难看出，**要想做出正确的、有效的决策，必须要有充足的信息。**

昆虫进化

从生物的进化中，我们也能找到类似的例证。生物在漫长的进化过程中，从单细胞生物进化到昆虫花了几十亿年，此后就呈现加速进化的态势，从昆虫到人类出现只花了约 5 亿年。

为什么昆虫会成为进化的一个关键转折点呢？因为从昆虫开始，生物已经能非常灵敏地感知外界信息，并且做出反应。这种机制带来了两个好处，第一个是提高了生物生存的概率，第二个是人类对信息更复杂的处理能力从这里开始得以演化。

下棋

人类大大小小的各种决策都要以信息为基础。没有充足的信息，很难做出好的决策。但把这件事倒过来思考，我们不妨问一下自己，是不是有了充足的信息，就一定能做出好决策呢？

让我们把目光投向国际象棋的棋局上，两位棋手正在对弈。他们关注着对手走的每一步，也在冥思苦想自己下一步究竟该怎么走。这里的信息都是公开的，对手走的每一步你都看得清清楚楚。但即便看清了对手的棋，你还是不一定知道该如何应对。

棋盘上决策的质量，并不简单取决于信息是否充足，还有更多的要素在起作用。

《刻意练习》这本书讲述了赫尔伯特·西蒙对国际象棋大师的研究（还记得这位诺贝尔经济学奖获得者吗？前面我们介绍过他，正是他提出了不良结构问题）。

西蒙发现，一个普通的棋手要成长为国际象棋大师，需要投入相当多的时间练习，这个时间大概是 10 年。但仅仅投入时间是不够的，研究进一步发现，国际象棋大师大概掌握了 5 万 ~10 万个下棋的模块，他们跟大多数棋手下棋似乎不假思索，所向披靡，就是因为这些模块早就在他们的脑海里了（再次强调模块化的重要性）。

所以 10 年的苦练，其实就是要掌握模块（后来马尔科姆·格拉德威尔（Malcolm Gladwell）进一步把这个理念发展为"1 万小时天才理论"）。人们学下象棋或者围棋，如果计划投入学习，就要不断背棋谱，原理也在于此，背棋谱的过程就是累积模块的过程。

什么叫刻意练习呢？和刻意练习相对的叫低水平重复。例如你总是跟与自己旗鼓相当的人下棋，下来下去都是在演练有限的几十个或几百个模块。无论练习多久，10 年还是 20 年，你的水平都不可能有实质性的提升。

所以刻意练习需要刻意制订练习计划，需要有名师的指点，指导你从容易的模块开始，一步一步地往上走，不断接受更有挑战性的模块，最终掌握最主要的 5 万 ~10 万个模块。在这个过程中，你需要不断与比自己水平更高的人下棋，只有这样才能够掌握更有挑战性的模块，最终成为大师。

制定战略需要高超的思维水平

回到前面提的问题，在棋局中，信息是完全透明的，棋手怎样才能做出高明的决策呢？这个时候就不能单纯依靠信息的充足性，还要依靠棋局常见的模块，把这些信息组织起来，才能做出高明的决策。换句话说，这时对决策起决定性作用的不只是信息，还有思维方式。

所以好的决策，必须要有充足的信息，并用好的思维方式把这些信息组织起来。

现实世界比棋局复杂太多。在很多需要做重要决策的时刻，我们无法拥有充足的信息，例如做战略。前面我们说过，战略要向前看，少则三五年，多则一二十年。

面向未来做决策，第一个遇到的问题就是信息不足。未来还没有发生，我们怎么可能拥有关于未来的充足信息呢？这不是痴人说梦吗？

所以制定战略最大的难题就是根本无法拥有充足的信息，越是前瞻的战略，这个问题就越突出。

怎么解决这个问题？信息不足，就要用思维方式来补足，所以制定战略需要高超的思维水平。

美团是如何推算外卖市场的？

这里为大家讲一个商战案例。我们今天都在用美团外卖，外卖市场非常庞大，仅 2021 年，美团外卖的营收已经接近千亿元。但时间回到 2010 年初，美团正在为估算市场容量而犯愁。

美团前高管王慧文回忆说，他们用了很多方法估算外卖市场未来的走势。其中一种思维方式非常有趣，即用相对确定的大趋势，去估不那么确定的小趋势，并同时结合规模效应这一王慧文最常用的思维方式进行思考。

什么是相对确定的大趋势呢？一是当时中国的人口数量还在增长中，家庭数量也在增长，且平均每户家庭的人数呈现下降的趋势。"60 后""70 后"或者年龄更大的人会有这样的感觉：三四十年前大家庭很常见，三代同堂，甚至四代同堂，一个家庭里往往有七八口人。后来大家庭渐渐变成了小家庭，一个家庭只有两代三四口人。这之后，还有了丁克一族，一个家庭两口人，再后来出现了单身族，一个家庭一口人。这个大趋势是相对确定的。

再来说规模效应。如果一个家庭有七八口人，专门安排一个人买菜做饭、平摊到每个人身上，他的时间投入产出比很高，非常经济。但如果一个家庭只有三四口人，再专门安排一个人去买菜做饭，平摊到每个人身上的时间投入产出比就不如大家庭的高了。总之，一个家庭里人数越少，专门安排人买菜做饭的时间投入产出比就越低。

把前面讲到的家庭数量在增长但平均每户家庭的人数在下降的现状，和这个规模效应结合起来，我们就可以推断出，会有越来越多的家庭不愿意自己做饭，而选择进餐馆或者叫外卖。对工作餐和临时加餐来说，叫外卖显得更经济，因此外卖一定是大势所趋，市场规模会越来越大。

这是一个非常漂亮的战略分析。你需要在信息不充足的情况下，合情合理地剖析出趋势，这非常考验人的思维水平。

大家注意中文里"谋略"这两个字。"谋"，是"言"加"某"，"某"的意思是不确定的人或事物，代表未知，而"略"代表简单、计划、计谋，等。所以谋略合起来，就是我们对一个东西知道得很少，还要谈论它，做出决策。战略其实也是这个意思：战略是面向未来的，关于未来我们知道的信息肯定很少，但还是要做决策、做规划。

所以区别领导梯队中层级高低的维度，不一定是管理的人是多是少，而是面向什么做决策，以及决策时究竟依靠信息还是依靠思维水平，当然还有另一个维度，就是对决策的执行后果承担多大的责任。

领导者 vs 管理者

再举一个关于饭店的案例，帮助大家理解领导者和管理者的区别。

一个老板开了个饭店，雇了几十名员工，同时聘请了一位总经理进行管理。

从管的人数上来说，这位老板只比总经理多管了一个人，也就是总经理本人，而如果老板想做甩手掌柜，那他管的人比这总经理还要少。

从管的范围来说，总经理的决策范围是一个饭店的各种事项，老板的决策范围也是同一个饭店的各种事项，范围区别不大。

但一个合格的老板一定是领导者，而总经理常常只是一个管理者的角色。

为什么呢？因为老板要面向未来做决策。他要考虑未来 3~5 年，餐饮市场会不会有变动？附近的顾客口味会不会有变化？竞争对手会不会在附近开店？供应商会不会涨价？要不要采纳 SaaS 系统来管理？未来没有发生，所以这些问题的信息是不充足的，老板必须面向这种不确定因素做决策，并且要为决策的执行后果负全责。

总经理就不一样了。他更多面向确定因素做决策，饭店里面的人、事、物都相对稳定，决策的信息也相对充足，甚至很多信息都是一手信息。他要负责提高运营的效率，降低成本，承担的是管理指标。即便要承担经营指标，这个指标也常常按年来定，一旦市场环境发生了大的变化，造成业绩大幅度下滑，总经理也完全可以辞职。

所以从信息的维度来看，**领导者和管理者有一个最本质的区别，就是领导者是面向未来的不确定做决策，而管理者是根据眼前的确定做决策。**这里的不确定和确定都是相对而言的。在现实实践中，你可以大致用这个标准把领导者和管理者区分开。

如果你在人才培养的过程中发现有胆有识的人，他的思维水平有很大的挖掘潜力，那么就把他往领导者的方向培养。越往领导梯队上层走，做决策的人就越应是领导者，领导者要回答诸如"应该是什么"之类的事关未来的问题，而纯粹的管理者只能回答"是什么"的现实问题。

思维体系培养

越往领导梯队上层走，越要注重对思维水平的培养。

图 3-3 是氢原子总结出来的思维体系图。

这张图之所以是圆形的，而不是金字塔形的，是因为各种思维方式没有高低之分，只有应用场景的不同，而且这些思维方式是相互包含的。

图 3-3　思维体系图

比如分类思维，它是所有思维的基础。分类思维看起来很简单，其实有非常多的应用场景，内化于任何一种思维方式中。乔布斯重返苹果，拯救苹果于危难中时，采用的就是分类思维。1997 年乔布斯临危受命回到苹果，发现苹果的产品线多而杂。于是他画了一个四象限图（见图 3-4），从便携性和专业性两个维度，将苹果的所有产品区分为 4 类，并宣布放弃所有不在四象限内的产品。

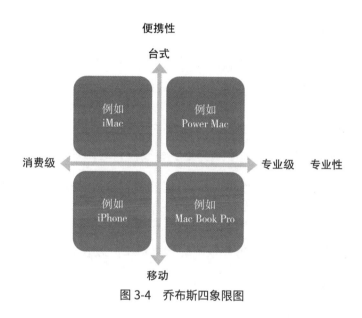

图 3-4 乔布斯四象限图

后来的成果我们都知道了，单是处在消费级移动象限的 iPhone 就为苹果创造了一大半的收入。

结构化思维的典型工具是芭芭拉·明托（Barbara Minto）提出的金字塔写作原理，采用这种架构写作或厘清工作思路，能让文章或思路结构清晰、重点突出，并大大提升沟通的效率和思维的清晰度。但结构化思维是有局限的，如我们前面所说，不良结构问题难以采用结构化思维拆解清楚。

批判性思维

批判性思维帮助我们保持思维严密而正确，防止我们坠入思维的谬误。这是一种极其重要的思维方式，甚至已经写入了高考评价体系。理查德·保罗（Richard Paul）把批判性思维区分为强批判性思维和弱批判性思维。两者的区别在于，弱批判性思维虽然遵循了批判性思维的规则，却无法逃离思考者的个人立场。而强批判性思维则不同，它要求思考者跳出个人立场，站到更客观的立场进行思考。作为领导者，要站在全局高度思考问题，更需要强批判性思维的磨炼。

在批判性思维的研究领域中，《德尔菲报告》是经典之作，它是 20 世纪由 46 位批判性思维专家，通过德尔菲法就批判性思维达成的共识，其起草者是彼得·法乔恩（Peter Facione）。值得一提的是，氢原子很早就通过网络与法乔恩先生建立了联系，他曾热情地给我们发来《德尔菲报告》的中英文版，委托我们在中国传播。

设计思维

设计思维是氢原子当前研究的重点。在本书的前半部分，我们花了相当大的篇幅来讨论良性结构问题和不良结构问题，且一再强调很多商业问题都是不良结构问题，解决这类问题就需要用到设计思维。

设计思维融合了分类思维、批判性思维和创造性思维，并且特别强调了创造性想象力的作用，以客户体验为中心，通过和客户互动的方式，集成跨专业跨领域的知识、智慧、经验和审美。发散、收敛，再发散、再收敛，不断通过迭代，在寻找解决方案的过程中不断重新定义问题。

氢原子对此的预见是，设计思维会在商业领域中越来越有用武之地。它不仅仅适用于平面设计、工业设计等纯粹的设计领域，更广泛适用于商业模式设计、营销体系设计、产品研发体系设计等领域。

设计思维更宜与系统思维相结合，尤其与系统思维里着眼研究系统变迁的系统思维冰山模型相结合，帮助我们把目光放得更长远，做出远景规划，比如战略规划（下一章我们会谈到系统思维冰山模型）。

模块 vs 原则

思维方式是就个人来说的。在公司层面上，我特别要提一下《原则》的作者瑞·达利欧（Ray Dalio）提出的原则方法，它对提升公司执行力有很大的启发。

我最早注意到瑞·达利欧，是因为广为流传的 30 分钟视频——《经济机器是如何运行的？》。

这段视频用动画的形式，清晰而富有逻辑层次地勾勒了经济这台"大机器"的"核心零部件"的组成及运行机制。庞大的经济体系居然只用30分钟、几组简笔画就说清楚了，听来真有点不可思议。但用达利欧的话来说——"就是这么简单"。

这种善于抓住本质的能力，在过去几十年里，帮助达利欧化繁为简，带领桥水基金从血雨腥风的全球金融大潮中杀出一条血路。

我一向认为，只有真正的大师才可以一下抓住本质，直击核心，把复杂的领域以简明扼要、逻辑层次清晰的方式概括出来。可以表述为我合伙人罗蓓的书名——《化繁为简：用简单分类解决复杂问题》。

在尤瓦尔的《人类简史》《未来简史》中可以看到这种能力；在乔布斯的系列创新上可以看到这种能力；在达利欧所著《原则》里更可以看到这种能力。

在一个强调"变化"的时代，我们要注意的是"变化"中的"不变"。就如《周易》讲究"变易"，但我认为应更讲究变易中的"不变"。

前面我们讲过棋局中的模块问题，提到下棋高手就是因为掌握了足够多的模块，且这些模块可以在千变万化的棋局里被复用才成为高手的。高手可以快速地根据棋局形势从记忆中调取对应的模块，这样做不仅能提高胜出的概率，还能节省脑力思考更有价值的下法。

所以专业棋手的进步有如上台阶，掌握了这些模块，一个台阶一个台阶走上去，即可稳步走到更高的地方。而业余棋手只会不停重复，遇到困境就重新思考应对方法，耗时耗力，低效还不一定奏效。

当然，我们的生活和工作要比下棋复杂得多，模块数量当然不止西蒙所说的 5 万~10 万个。这个时候不仅要依循模块，更要依循原则。模块和原则的共同之处在于它们都是通过掌握"不变"来应对"变化"的。

二者皆可以复用来解决问题，从而解放人去做更有价值的思考。区别在于，模块解决的是"怎么做"的问题，适用于处理确定性问题，而原则解决的是"应该怎么做"的问题，更适用于处理不确定性问题（见表 3-1）。

表 3-1 模块和原则的区别

模块	原则
解决"怎么做"的问题	解决"应该怎么做"的问题
更适用于处理确定性问题	更适用于处理不确定性问题
可以潜移默化获得，也可以有意识地设计	可以潜移默化获得，但更需要有意识地总结

还以下棋为例。棋盘上出现的棋局与你背过的棋谱一样，那就按模块去处理。但不可能所有棋局从头到尾全是模块和模块的无缝结合，也会出现棋谱上没有的情况。这时棋该怎么走？答案是，可以依循原则处理。

除了棋局，无论是生活还是工作，都有很多事情可以依循原则有效和高效地处理。如果我们对这些原则加以留意，累积起来，不断复用，我们就越来越有时间、精力和自信去做更有价值的事情，从而确保自己一直在进步。

达利欧推崇原则，原因是想把公司变成一台"机器"。机器最大的好处是可以克服人性的弱点，避免人为操作的波动性造成产出的不稳定。

关于这点我们在前文做了论述，尽管生活和工作千变万化，但我们也不是每次都要重新耗费脑细胞去做决策的。找出"变化"中的"不变"因素，弄清楚"怎么做"，更要弄清楚"应该怎么做"。

所以，达利欧很推崇人机结合的模式，如果"怎么做"或者"应该怎么做"能完全交给计算机去做，再好不过。为此，桥水基金不但开发了系列原则，还把原则中可以智能化的部分都交给计算机去做。

不但如此，达利欧还不遗余力地推动周围的人也相信这一点。

达利欧给每个客户送了一台在 RadioShack 推出的掌上弈棋机，并特意附上一句话：来自桥水基金的系统化方法。达利欧想让客户们看到，在某种情况下，计算机决策远远胜于人工决策，因为在这个机器的 9 级对弈模式里，达利欧这么聪明的人在第 2 级就输掉了。当然，在 AlphaGo 出来后，达利欧有了更具说服力的证据支持自己的观点。

这是理解达利欧《原则》的关键，《原则》表面看起来很像行为手册那样的教条，骨子里渗透的却是数字化的精神。

达利欧推崇原则，实质上是在克服人性的弱点。例如，桥水基金推行的一套客观记录和评价体系，如集点器、棒球卡、问题日志等，都是在试图避免管理中主观判断造成的偏差。

我也大胆地为达利欧提出一个理想的"公司机器"原则。

最好能做到计算机智能化。如果做不到全部计算机智能化，那么公司也要变成一台遵循原则运行的机器。将公司命名为机器不意味着僵死，正相反，机器可以做模块的事情，借此把聪明人解放出来做更有价值的事情（往往也是不确定的事情），所以要不断对这些聪明人灌输原则，正如桥水基金所做的。

原则本身是在不断升级的，这意味着机器会不断升级。

一旦进入按原则模式运作的公司，就意味着这样的公司有一条基准线，员工表现低于这条基准线，员工就会被机器替代，因此，在这样的公司中，员工别无选择，只有变得更优秀。

公司也有条件让员工变得更优秀，因为那些重复性的可以按模块来做的事情都会尽可能交给机器去处理。无论是计算机还是公司这台机器。

人性是原则的出发点

我曾经在《轻营销》里总结过：一切商业问题，归根到底是人的问题（下半句是：一切人的问题，归根到底是个哲学问题），这一观点在《原则》这本书里得到印证。

《原则》分为生活和工作两大部分。

为什么一本商业书籍要强调生活原则？

这其实是对人性的重要洞察，达利欧明确写道："任何组织或机构，若想正常运转，其工作原则，必须与其成员的生活原则相契合"。生活并不能如公司那样被简单地理解为一台机器。对绝大多数人来说，工作是为了更好地生活，我们不能无视这个事实。只有更好地生活，才能更好地工作。

所以，虽然事实上达利欧先写了工作原则，然后才写了生活原则，但《原则》一书是先陈述生活原则，再讲述工作原则的。按达利欧的话来说，"工作原则"是"生活原则"在组织中的进一步应用。

从根本而言，无论是为了拥有好的生活还是工作，我们都需要知道什么是最好的决策，以及有勇气做出这样的决策，只是工作更关注组织的力量，关注人与人的合作。

这里小小地提醒大家一下，在《原则》中，生活原则和工作原则有一个微妙的不同：生活原则事关个人，而工作原则事关组织。《原则》陈述生活原则时，更偏员工视角；陈述工作原则时，更偏管理者视角（注意是"更"，不绝对）。因为我们都是先从基层员工、从生活世界成长起来的，而后才成为管理者，深度融入组织。

生活原则侧重于帮助我们克服人性的弱点，显然，这大多来自达利欧本人成长过程中的教训。

这不难理解，绝大多数人的成长史，都是一部人性弱点暴露史；优秀者爬的坡更高，暴露的弱点更多；卓越者暴露的弱点虽多，但也找到了克服这些弱点的原则。

例如，人都希望自己是别人眼里的聪明人，是别人眼里的问题解决者，因此很多人在遇到问题时难以放下身段，用开放的心态去求教别人、听他人的意见和建议，因为这样会显得不够聪明，显得没有能力解决问题。

但达利欧明白过来，重要的是问题得到解决并因此获益，我们在别人眼里聪明不聪明有那么重要吗？要想成长，就一定要抱有开放的精神和放下面子的心态，关键是解决问题，即便我们要借助他人的力量来解决。

在工作原则中，达利欧探究更多的是如何形成更强的组织合力。如前所述，公司应该是一台机器，这台机器的零部件——个人，在理想状态下是克服了人性弱点的优秀者。

但仅仅克服了人性的弱点还不够，公司这台机器的价值更多地在于把人的长处发挥出来，把人的主动性、积极性、创造力发掘出来。

为了做到这一点，达利欧甚至引入了心理学知识。2006 年，达利欧第一次做了 MBTI（迈尔斯 - 布里格斯类型指标）测试，并对测试结果感到满意。

MBTI 是一种职业性格测试，达利欧认为这对理解桥水基金内部的冲突和分歧很有帮助，他开始在公司中积极推广这一测试。2008 年，达利欧让桥水基金的管理者做了 MBTI 测试，测试结果让他开始反思用人的方法，例如，过去他让缺乏创造力的人去做创造性工作，让不关注细节的人去做细节导向的工作。

这种反思促进了"棒球卡"这一管理工具在桥水的诞生，"棒球卡"追溯了员工的不同个性数据、理想状态。这些卡可以被传阅，在安排任务时作为参考。

要把自己的个性数据公开出去？显然，这种管理工具在一开始就遭到了抵制，但慢慢地，人们发现，向其他人公开信息，得到的更多是解放而不是抑制。桥水基金形成了一种文化，人们可以像家庭成员一样彼此坦诚相待，在工作中舒适地做真实的自己。

可以说，《原则》是为了探究公司这台机器是如何运行，以及应该如何更好地运行而创作的。从生活原则到工作原则，可以总结为表 3-2。

表 3-2　从生活原则到工作原则

生活原则	工作原则
所有原则的起点是人性的真实体现	生活原则在组织中的进一步应用
帮助我们克服人性的弱点	让员工表现不低于一条基准线 激发员工的主动性、创造性
生活与工作相辅相成	

总而言之，我认为我们能获得更大的自由，不是因为我们放松了对自己的约束，而是因为我们更加懂得、更多应用了基本的原理、原则。

提升执行力，其实就是这么简单！

小对话，大沟通

执行力的提升，伴随着信息沟通机制的改善。从信息维度来透视领导梯队，进而探讨公司里的对话与沟通机制，这是个非常有意义的话题。

具体和抽象的切换

在展开这个话题之前，我们要先讲一对哲学概念：具体与抽象。我们认知事物的过程大概可以分为这样几个阶段：感性具体——感性抽象——理性抽象——理性具体。

这一对哲学概念在商业中有非常重要的应用，我们反复提到的设计思维，也和人类认知事物过程的特点密切相关。

让我们把时间倒回 100 多年前，再次回到老福特那个时代。当时的世界正在经历交通革命，汽车这一新事物的出现，替代了人们已经习惯的马车。

关于这场变革，老福特说过，如果你问消费者需要什么，他们会告诉你，他们需要一匹跑得更快的马。这句话后来经常被乔布斯引用，用来说明他为什么不做市场调研——辛辛苦苦做调研问卷，收集到的消费者意见却可能会误导你。

我们来剖析一下老福特的说法有没有合理性。

首先来说一下感性具体。例如马，在现实生活里，我们会看到各种各样的马，每一匹马都是感性具体的，它有自己的躯体、有自己的皮毛、有自己的个性，每一匹马都是独一无二的，这就是感性具体。

现在画家铺开一张画纸，画出一匹马。画家画得栩栩如生，仿佛就是现实世界里的马。但画上的马是感性抽象的，它看起来很符合我们看一匹真马的视觉感受，但它却不是现实世界中任何一匹具体的马，而是画家对自己见过的很多的马的抽象表达。

如果回到100多年前，你拿着一笔巨款，想在交通领域做点事情，你会做什么呢？你当然会研究市场需求侧、供给侧的发展趋势。但老福特一针见血地指出，很多人在这里的认知只停留在理性抽象的阶段，达不到理性具体的阶段，所以不能预见真正的商机。

对此，我想做更深入的解释。作为商人，你当然不满足于画家那样的感性抽象，你会从更加抽象的层面思考这个问题。你研究了马车市场，综合了它们的共性，你又研究了近几十年马车改良的趋势，于是埋头苦干，设计出更好的马车，并信心满满地认为这种马车一定会占领市场。

但老福特不这样认为，他觉得你的研究过程只是对现有市场的理性抽象，只是在做"减法"——把你看到的具体事物的个性一层一层剥离，把共性一层一层提炼出来。克里斯坦森将在这种思维上做的创新，称为渐进式创新。

老福特要做的是突破式创新，他要做"加法"，也就是我们在本书上一章中反复强调的集成。集成不是基于逻辑推理能力，而是基于创造性想象力实现的。提炼马车的共性，这是从供给侧思考问题，而设计思维的要点是要换到需求侧来思考问题，以客户为中心去探索。从供给侧转换到需求侧，需要创造性想象力的加持。

研究马车的改良也很有意义，但要同时把它放到消费者的视野里去看，这对消费者来说意味着什么？你会逐渐发现，这意味着更快的速度、更低的出行成本、更安全舒适的乘坐体验、更高的社会地位等。这些都是客户价值点，有的客户价值点是显而易见的，但有的客户价值点虽然至关重要，却不能一下子就被捕捉到。

交通出行是一个不良结构问题，我们不能通过简单的逻辑推理得出结论，而要靠不断地抽象，顺畅地把各种客户价值点推理出来。

这些客户价值点如何排序？它们对于客户体验的贡献占比各是多少？相互之间又是如何影响、如何平衡的？这些问题不是在纸面上代入几个公式就能算出来的，甚至不是问消费者就能知道答案的。消费者要的是一种综合体验，不在乎也不能完全说出来这种综合体验蕴含了哪些要素，以及这些要素是如何互相影响的。

但我们至少可以判断交通出行工具必须具备哪些核心客户价值点，并发挥创造性想象力，把这些核心客户价值点集成起来，使之理性具体。这个理性具体集成了客户价值点，而扬弃了之前对马车的理性抽象。然后我们要继续推进从抽象回归到具体的过程，看看用什么样的手段和方法能把该理性具体实现出来？

由于是从客户价值点出发，而不是从马车的理性抽象出发，所以，站在时代转折点的老福特看到了汽车未来发展的曙光。从形态上看，汽车和马车差距很大，但汽车延续了马车的客户价值点，并且做得更好——速度更快，乘坐体验更舒适安全，更能彰显社会地位。它甚至实现了先前人们没有想到的一些客户价值点，比如把马车换成汽车后，人们就不用再扫马粪，也不再需要早起铡马草了。

这就是突破式创新，它的关键点在于实现从供给侧理性抽象向需求侧理性具体的转换。

需求侧的理性具体一旦通过新的手段实现，我们就得到了汽车最早的原型，原型往往只蕴含了新产品的核心客户价值点，并没有蕴含全部，也不可能蕴含全部客户价值点。因为客户对交通出行的需求是个不良结构问题，始终在演变之中。

于是就有了最早的福特 T 型车，就像我们在上一章谈到的那样，用今天的眼光看 T 型车，我们会认为它是如此简陋，销售了近 20 年，都只有黑色一种颜色。但福特通过 T 型车这一原型证明了汽车是深受市场欢迎的。就这样，汽车市场的品种逐渐丰富起来，有了我们今天看到的各式各样的汽车。但不管怎样百花齐放，汽车的核心客户价值点基本蕴含在 T 型车中。

抽象和具体循环的设计思维如图 3-5 所示。

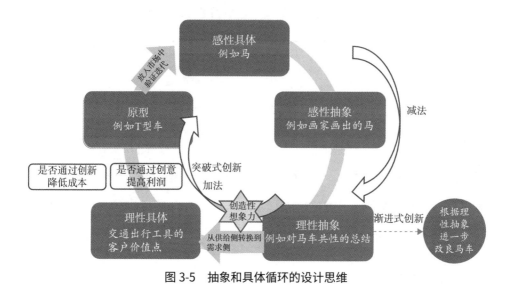

图 3-5　抽象和具体循环的设计思维

理解了抽象和具体循环的设计思维，我们再从信息维度去透视领导梯队，就能看出信息在执行体系中可能会遇到的难题，以及可能的解决方案。

首先在领导梯队中，越往上的领导层级，接收的执行信息就越抽象，但对把信息加工到理性具体的能力要求就越高。

处在执行一线的员工，他们得到的执行信息是最具体的，但他们往往看到的只是局部。

越往上的领导层级，对执行信息的了解就越依靠报告。换句话说，越高层级的领导，获得的执行信息就越抽象。领导们对此心知肚明，所以会时不时地走到执行一线，接收具体的执行信息。但这毕竟不是常态，一个领导分管的业务多，参与执行的员工多，无论领导投入多少精力，都不可能看到具体的执行信息的全貌，因此领导做事关执行的决策时，总是处于信息不充足的尴尬中。

基层的经理还可以和他管理的所有员工展开一对一的深入谈话，这样即便他不亲自参与每一项执行，还是能获得充足的执行信息的。到了总监这个层级，与执行一线的具体员工就隔了一级，执行信息已经变得比较抽象。从总监层级开始，领导变得特别依赖业务指标体系来管理执行。

指标是关于信息的信息，是更高程度的抽象。如果设立的指标体系是有效的，就能折射出执行中存在的问题。

案例：从团建看 KPI 考核

我早年做总监时曾遇到这样一件事。一位经理跑来找我，说手下的一位员工向自己抱怨事情太多，实在忙不过来，希望增加人手。我反问抱怨的员工在忙什么，经理说了一大堆，听起来似乎很有道理。

类似的问题对总监来说是一种挑战。因为是经理而不是总监和员工待在一起，总监平时获得的关于员工的执行信息就是不充足的。现在经理把皮球踢到我这里，我该如何正确判断员工是真忙还是假忙呢？

于是我召开了一个小会，把经理和这位员工叫到一起。然后拿出纸和笔，请这位员工回顾一下在他最近最忙的一周里，最占他时间的三件事，以及每件事都花费了多长时间。

员工思考半天，终于写出来三件事。我拿起来一看，就可以轻易发现问题所在。比如最占他时间的一件事情是协调部门团建。我们公司每年有一项出国团建的福利，这位热心的员工花了很长时间问部门里几十个员工对团建的意见和建议。众口难调，他不得不在他们中间进行反复沟通。

我于是问经理和这位员工，协调部门团建是这位员工的 KPI 吗（当时还不流行 OKR 呢）？他们回答说不是。因此我告诉他们，把执行的大块时间分配给不是 KPI 的事情，这是不正确的。执行的大部分时间要紧紧盯着 KPI 的完成。类似协调部门团建这样的事情，完全可以在大家休息的时间，比如中午吃饭时去做。还可以用更高效的方法，采用调研问卷的方式，迅速汇总意见。

通过这件小事，我意识到经理对应用 KPI 来进行管理，对员工执行时间的合理分配等可能存在疑问。于是我简单地在经理中做了一个调研，汇总了他们在相似地方存在的疑问。然后对整个部门做了一次全体培训，从此以后类似的问题就再也没有发生过。

在领导梯队中，信息向领导梯队上层传递是一个从具体到抽象的过程，这个过程充满挑战。然而反过来实现从抽象到具体也不轻松。

在规模较大的公司里，高层领导显然已经不太可能和每个员工都一对一地沟通，但员工需要理解高层的想法，愿意跟着公司的方向走，这要怎么实现呢？

在上一章里，我们已经讲过目标管理体系，以及在公司的战略、战役和战术层面，实现千斤重担人人挑、人人头上有目标，实现不同层面、不同部门、不同人之间目标的协同。

讲好故事

但仅仅做到这些还不够，高层如果抽不出那么多时间来做"一对一"沟通，就要训练自己"一对多"沟通的能力。这种能力可以体现为演讲以及文章、邮件或者公文写作等，但这些都是外显的能力，底层能力其实是叙事，通俗的说法是讲故事。

讲故事主要解决 3 个问题：让受众秒懂、构建意义和激发情绪。

让受众秒懂这件事，在我和邓斌、叶壮合著的《秒懂力》里已经有详细的阐述了。让受众秒懂看似是个语文问题，体现了修辞表达能力，其实在一对多的沟通当中，受众能否秒懂决定着要传递的信息能渗透到多少人，甚至决定着能不能渗透到其他人群。

我们都知道华为约有 20 万员工。任正非一个人讲话，受众基数就是 20 万起。但任正非很多的理念思想，不但华为的员工很清楚，华为之外的很多人也非常清楚。这就不能不归功于任正非善讲故事，让人秒懂的能力。

我们前面讲过，华为是销售驱动和创新驱动双轮驱动的企业。但无论销售还是创新，很多时候都要花漫长的时间耐着性子去做。比如华为当初想攻下某个海外市场，花费了 4 年的时间，才拿到一笔 38 美元的订单。类似的事情在华为还有不少，大家不太理解为什么会有为 38 美元的订单做 4 年投入的事情发生。

所以任正非就给大家讲了一个尖毛草的故事。

尖毛草生长在非洲大草原上，它的生长过程非常独特。在最开始的时候，尖毛草只露出一个小小的尖，比周围的草都要矮，看起来非常不起眼。

但与此同时，尖毛草却在不断地发育根系，根在土壤里越扎越深。这个过程悄无声息，很难被注意到。熬过很长一段时间之后，非洲大草原会迎来雨季。这个时候，尖毛草就会贪婪地吮吸雨水，疯狂地向上生长，只要三五天，它就能长到将近两米高，超过身边大多数曾经比它高得多的草。

任正非把这个故事一讲，大家就懂了。只要事情有希望，花点时间把根扎牢是非常值得的投入，等到时机来临，自然会迎来超凡的增长。这个故事不仅华为的员工懂了，而且在商界广为流传，让人们在佩服任正非智慧的同时，也增强了对华为的认同感。

综上，把故事讲得让受众秒懂，对理念的渗透和传播至关重要。

除了让受众秒懂，故事要解决的第二个问题是**构建意义**，解答"为什么"的问题。目标管理体系和意义，分别从理性层面和感性层面告诉参与执行的每个人，你为什么要这么做，你为了什么而做。

所有的执行一定要从"为什么"开始。公司发展到一定阶段，战略驱动的时候，就要有使命、愿景。使命是从大环境说的，简单来讲就是社会为什么需要这家公司。愿景是从公司内部说的，就是公司坚持履行自己的使命，未来会变成什么样。

机会驱动型企业，对员工的激励偏重利益驱动。而战略驱动型企业，比较希望员工跟着公司共同成长，这个时候就要在利益驱动的基础上，加上意义驱动。使命和愿景就是用来解决意义问题的。

比如微软创立初期，它的使命是让每个人桌上都有一台电脑。这样的使命很容易成为公司上下的共同梦想。大家会觉得这样的使命有益于社会的进步，而且非常棒。事实上微软切实履行了这项使命，从而获得巨大的商业成功。

人类大多擅长构建想象的共同体，这个想象的共同体是靠意义支撑起来的。在公司规模小的时候，员工和领导者接触互动的机会比较多，可以真切感受到领导的个人魅力，从而提升公司的凝聚力，提升执行的战斗力。公司规模扩大到一定程度后，员工和领导，尤其和高层领导，接触互动的机会减少了，这个时候就不能只依靠领导的个人魅力，而要构建起一个大家都认同的意义世界，让员工有归属感和认同感。

这是公司层面宏观意义的构建。具体到做事的方法、原则，也可以像我们前文提到的任正非讲的尖毛草的故事，听的人很快就能理解为了未来的成长，可以花费很长时间去扎根的道理。这同样是构建意义，解答"为什么"的故事。

讲故事要解决的第三个问题是激发情绪。

意义影响的是人的长期行为，而情绪影响的是人的短期行为。在一对多的沟通中，激发情绪同样也是一种很重要的方式。比如很多企业在每年销售旺季快要到来的时候，就会举办誓师大会。这样的大会往往办得很有仪式感，大家一起喊口号，领导的讲话也简短有力，让人热血沸腾。这其实就是把情绪激发出来，把斗志激发出来，去打赢几个月的销售攻坚战。

执行力有一个底座情绪——激情。其中，意义用来解决保持长期激情问题，而情绪则用来激发短期激情。两相结合，员工才能始终保持旺盛的斗志。

可视化

ADI公司（亚德诺）是一家战略驱动型公司。公司在发展的过程中，一直用ADI不停地升级发展战略，不过每次形成的厚厚一叠的战略方案，最后都被束之高阁，没有在执行中发挥应有的作用。

想想看，让执行者把厚厚一叠的战略方案读懂，指导自己执行的门槛有多高？战略的内容越多，大家形成的理解就越丰富。即便每个人都能读完，也很难完全形成共识，很难达成执行中的协同。

痛定思痛，从20世纪80年代末开始，ADI高层决定进行改革，战略方案不仅应该被勤奋地制定出来，更应该推动它，使之被理解和实施。在战略方案的呈现上，ADI做了很大的变革，其中之一就是用可视化的方式，用精炼的图表把厚厚一叠战略方案的精华直观地呈现出来。

这个调整让ADI公司在战略执行上取得了巨大的成功，它的成果被罗伯特·卡普兰（Robert Kaplan）和大卫·诺顿（David Norton）注意到，并在对此进行了深入研究的基础上，推出了一个伟大的管理工具，也就是后来风靡世界的平衡计分卡，这同样是一个卓越的目标管理工具。

人对结构化的图形的理解，远远高过枯燥文字的描述。所以在执行中，要充分注重可视化工具的应用。在本书中，我们插入了很多图表，配合文字内容，形象地展示了各种错综复杂的关系，这大大提升了理解的效率，减少了理解的歧义。

可视化是一项专门的技能，比如在数字化转型中，就有专门的职能模块做这个工作。全球 SaaS 行业的翘楚 Salesforce 花费 157 亿美元收购 Tableau，就是因为 Tableau 在数据可视化方面有独特的优势。数字化转型让我们陷入数据的海洋，但人的大脑并没有因此加快进化的速度，所以我们需要借助可视化去透视那些庞杂的数据，厘清蕴含在其中的关系。

如果你对复杂的图表望而却步，我建议你先掌握分类思维[①]用可视化来呈现分类的维度，以及分类后的类别，就如本书中常用的四象限图那样。这样一个改变也许就会推动你对复杂事物和数据的理解。

可视化不仅仅是为了降低理解复杂信息的成本，它更大的意义在于架起了跨部门、跨专业沟通的桥梁。在设计思维中，这被称为边界对象。公司里面因为部门的不同，专业领域的不同，存在大大小小不同的圈子，要推动这些不同圈子里的人同频对话、高效协作，对很多公司来说都是令人头痛的难题。

而可视化可以将复杂的信息分类概括、结构化，直观呈现信息，无论来自什么领域的人，都很容易理解它。所谓求同存异，是指通过可视化，大家对主架构达成共识，只是对细节的理解存在不同，且允许存在这些不同。这

---

① 可参考：罗蓓.化繁为简：用简单分类解决复杂问题［M］.北京：西苑出版社，2022.

就架起了一座不同部门、不同专业领域的人沟通和协作的桥梁。

构建信任体系

和在公司层面上构建意义相对应的，就是构建一种执行文化。执行文化的内核就是信任，在执行中，信任体系首先是通过沟通构建起来的。

一讲到信任，我们就会想到不撒谎、诚实，但这只是最基本的。在这个基础上，信任体系的构建还有 3 个要点。

- 沟通要从事实和数据出发；
- 遵循公司公认的原则；
- 同频思考，同频对话。

从批判性思维的角度来看，人们对其判断的陈述一般由两个部分组成：一个部分是事实和基于事实的数据，另一个部分是观点。

我们先来看一个判断：小李的考勤记录显示，他在上个月 22 个工作日里有 10 天迟到，6 天早退，因此小李是一个不守时的员工。

在这个判断中，前半部分的陈述基于考勤记录的事实，10 天迟到和 6 天早退是考勤记录的数据。而认为小李是不守时的员工，这是观点。

无论是做出判断还是陈述判断，要么先陈述事实和数据再说观点，要么只陈述观点，但背后必须要有事实和数据支撑。要特别提防没有事实和数据支撑的纯粹观点，一旦类似的观点充斥公司的各种交流，公司的信任体系就会逐渐瓦解。

举个简单例子，在职场中不免有打小报告的现象。如果有人向你打小报告，说某人不诚信，你会怎么处理？一般遇到这种情况，我会追问一句，请你举出 3 个具体的例子，来证明你的观点。这些例子要有时间、地点、原因、经过、结果，最重要的是，要把主要牵涉的人告诉我。

这时候就会出现两种情况。

一种情况是打小报告的人纯粹就是发泄个人的不满。如果只是说观点，他会表现得很偏激。但要说事实支撑自己的观点，他就支支吾吾说不出来了。或者他陈述了 3 个具体的例子，你仔细一分析，这 3 个例子都支撑不了他偏激的观点。这个时候小报告不攻自破。

另一种情况是他很详细地把例子陈述出来，你确实感到了问题所在，要采信他的观点。

公司信任体系的构建，不仅要做到诚实，更要做到陈述的观点必须基于事实和数据。开各种决策会的时候更需要注意这一点。我特别建议在开重要的决策会之前，一定要预先发邮件提醒所有参会人，会议的主题和议题是什么，提醒他们事先做好准备，尽可能在开会之前就去收集好相关的事实和数据，让自己在会上发表的观点立得住脚。

对会议上的重要观点，一定要有刨根问底的精神，通过提问，看看观点陈述者是基于怎样的事实和数据提出观点的。坦率地说，你难免会发现有人只是张着嘴巴就来开会。

公司必须建立起一种文化——陈述观点，一定要在充分了解相关事实和数据的基础之上。这样大家的对话才可能在同一个频道上，否则无休止争论的冗长会议，只会浪费参会者们的时间。

一个好消息是，在数字化建设越来越成熟的公司，越来越多的观点得到实证的证实。在传统的公司里，管理很多时候是通过指标体系来进行的。如我们之前所说，指标是关于信息的信息。指标体系就像驾驶舱里的仪表盘，让你坐在方寸之地，就可以操控一个巨无霸般的大家伙。

但作为信息的信息，指标也是高度抽象的。数字化转型并不是建立更豪华的仪表盘，而是要做数字孪生。我们可以将其理解为一个公司，甚至一个公司的上下游，在虚拟世界形成了数字"克隆体"，和现实世界的业务共生演化。这样管理者获取事实和数据的信息就丰富得多，便利得多。

所以我们有理由相信，在数字化建设越来越成熟的公司，人们的思考和对话会越来越有实证的基础，真正有利于构建信任体系。

延伸阅读　数字化转型的 3 种形态

这里顺便谈谈数字化转型的 3 种形态：头重脚轻、头轻脚重、头重脚重。

其中，"头"指的是需求侧，"脚"指的是供给侧。

头重脚轻　一般是快消零售、餐饮等企业，它们的优势在于大批量，或者快速响应需求侧的变化。因此数字化转型的重心在营销技术（MarTech），通过营销技术打通数字化媒体平台、电商平台等，使企业能够更加精准地识别出目标受众，扩大跟目标受众的接触面，增加和目标受众的互动频次和深度。

头轻脚重 例如做代加工的工厂，它们数字化的核心在于供应链管理。它们不仅要通过数字化的方式，将自身工厂的运营效率大幅度提升，还要把数字化的触角延伸到下游的供应链，形成生态优势。中国目前正走在新型工业化的道路上，制造业正经历着一次全新的升级。所以在中高端制造中，数字化的渗透越来越深入。我参观过许多前卫的大工厂，偌大的生产车间，见不到几个工人，只有机器人 24 小时一刻不停地工作着。

头重脚重 例如著名的希音（SheIn）。它所处的跑道是即时时尚，比拼的是最小存货单位（SKU，也可以理解为商品的品种）多少、上新品的速度快慢以及价格优势。这种模式对需求侧和供给侧数字化程度的要求都很高，必须实现全链路的数字化。

学会提问

学会提问，在对话和沟通中也起着举足轻重的作用。

前面我们说过，在领导梯队里，总监处在执行层和战略层的交汇处。总监要学会的一项能力，就是提问。提问涉及的范围分为两类：一类是把事情做对，这涉及方法；另一类是做对的事情，这涉及目标。

把事情做对，关键在于把问题提给自己，然后自己去找答案。因为在互联网高度发达的今天，许多事关方法的答案，通过网络很容易收集到。对复杂一些的问题，可以去请教同行或者专家。

做对的事情，需要提出问题来跟别人交流。这类问题的答案不会躺在现成的书本上，也不会躺在某个博主的短视频里。只有通过与客户、上级、同事、下属和合作伙伴等的对话，你才能找到答案。

无论提什么问题，切记，向他人提问一定不要提可以从互联网直接找到答案的问题。如果你去拜访一位目标客户，你应该先访问他的官网或者其他官方新媒体，对这家公司的业务、历史沿革、产品等了然于胸，这样提出来的问题才会让客户感到被尊重。相反，如果你问的问题让客户感慨，答案难道不就在公司的官网上吗？那这次拜访多半要失败，客户对你也会有负面评价。

学会提问是一项真正的技能。这里给大家讲一个真实的故事。

这个故事发生在施乐公司。提到这家公司，很多人就会想起复印机、打印机来。但其实这家公司非常有创新能力，绝不是只会做复印机、打印机。

1979 年的时候，施乐公司迎来了一批参观者。施乐公司热情地向这群参观者介绍自己最新的创新。他们发现，这群参观者里有一个人，很善于提问。尤其当他看到施乐最新的图形交互界面时，问的问题特别在点子上。这让施乐公司的管理者不免隐隐生出担忧。

果不其然，不久之后一家公司就在自己的产品上应用了图形交互界面，从此开创了个人电脑的全新时代。这家公司就是苹果公司，那个善于提问的人就是乔布斯。

看一个公司是不是善于做决策，是不是拥有优秀的创意、创新人才，只要看他们的提问方式就能得到答案。高水平的人只要提出几个问题，就可以让你洞察出，提问者对这个议题已形成了自己的思考框架。你可以具体问几个关于关键点的问题，一是让回答者容易回答，二是回答者会更容易放下戒备心。提问者把关键点的答案补上去，往往就有了自己的解决方案。

顺便说一句，我有 2 万多个微信好友，都是这 10 多年我和各个公司中高层交流累积下来的。你要问我最喜欢跟什么样的人打交道，我的回答是，一种是见多识广，真正有见识有洞察力的人；另一种就是特别善于提问的人。和后者坐在一起聊天，往往会让你突破原有思维的局限，把问题思考得更加深入。

第四章 / "高"

务实发展路，持续增长力

2005 年，乔布斯受邀在斯坦福毕业典礼上演讲。在演讲中，乔布斯提到了一个观点——生命里有的事情，孤立起来看不一定重要，但有一天，你回过头把这些点点滴滴串起来，就会发现它们彼此之间的联系，以及它们对你未来的塑造。

比如，乔布斯早年在里德学院学习时，曾被里德学院张贴在校园里的海报使用的优美字体吸引，所以旁听书法课并认真学习了书法，感受到了书法的美妙。当时，他学书法纯粹出于兴趣，没有更多的想法。但多年以后，乔布斯领导的苹果公司推出麦金塔电脑，他将这种视觉的美感植入了电脑。尽管个人电脑属于电子产品，但毫无疑问，苹果公司的产品蕴含了一种艺术精神，这也是苹果一系列产品广受欢迎的原因之一。

乔布斯的这个洞见很重要。孤立的点看起来没有太大的意义，但把许多个点连接起来以后，就意义非凡了。

关键在于如何连接。

找路是个硬本事

本书的前文谈到了决定性点的概念。它对规划战略、战役、战术，设定目标管理体系都至关重要。大家一定会问，究竟什么是决定性点？怎么把它找出来？

对此，我这么多年的感悟是，如果你开了一家生意很好的旅馆，大概率是因为你把它开在了车水马龙的大路旁。如果多条大路在这里交叉，这家旅馆的生意会更兴旺。

所以，虽然你只想开家旅馆，但也应该把目光聚焦在寻找车水马龙的大路上！决定性点之所以有决定性意义，是因为它在关键路线上，尤其在多条关键路线的交叉处，所以我们首先要做的是路线规划。

路线规划是执行规划里最有挑战性的事情。因为执行推进的路线不止有一种，而是涉及天时、地利、人和等多个方面，从这些方面出发都可以规划出推进的路线。

决定性点聚类规划战役

举个简单例子，一个零售企业要推出一款新产品，开始做新品上市规划。规划的路线会涉及哪些方面呢？

一说到路线，大家马上想到的就是地利，所以一定会涉及渠道规划，要把渠道的路线图画出来。先占领什么渠道，再占领什么渠道，渠道之间的连接是什么？呼应是什么？冲突是什么？都要提前想好。

但渠道规划只是路线规划中的一类，不是全部，此外还得针对市场形势做规划。要做什么样的品类？如何和竞争对手区分开？回答这些问题要先对产品做好定位。

产品路线规划，要尽可能找到普遍存在的共性问题，因为受众基数大，市场容量也大。但有效的细分市场精准定位，有助于避免和其他品牌及产品或服务直接撞车。

另外，还有传播路线规划。是集中火力猛攻一役，还是曲径通幽；是软文为主，营销突围，还是硬广先行，广而告之；又或者各种自媒体、新媒体及传统媒体全覆盖，都有不同打法及效果。

因此，我们不是靠聪明或者道听途说，拍脑袋决定哪些点是决定性点，哪些不具有决定性意义，而是把各种可能的路线规划出来，再找这些路线上的哪些点可能有决定性意义。还是前面说的那句话，你开的旅馆之所以生意好，大概率是因为你把它开在了车水马龙的大路旁。

规划出路线，找出决定性点，还要仔细审视这些决定性点有没有相关性，是否可以被归为一类。当它们关联性强，可以被归为一类时，我们就可以规划出战役，以此拿下强关联的决定性点。

战役规划的秘密在于决定性点聚类规划（见图4-1）。

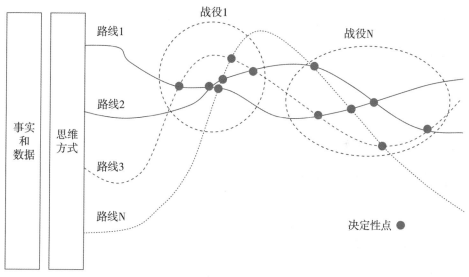

图 4-1　决定性点聚类规划战役

这里我们要思考一个问题。路线也好，战役也罢，可以被提前规划出来吗？根据很多人的经验，即使做了周全的规划，执行到最后再回过头去看，往往和当初的规划偏离得非常远。所以规划究竟有没有意义？

规划的意义

艾森豪威尔有一句名言：规划毫无价值，但做规划就是一切。

做规划首先推动了公司上上下下都去思考未来可能出现的问题，思考事情推进的各种可能路线。如本书的第一章所讲的，今天企业面对的问题，常常是不良结构问题，许多重要的问题还是高度不良结构问题。你很难在一开始就把问题完全界定清晰，规划实际上是设计思维的应用，不断地重复从感性具体到感性抽象，再到理性抽象乃至理性具体的过程，然后做出原型，到真实的市场环境里去测试，根据反应做迭代。

这个过程往往不是一帆风顺的线性过程。

做规划倚重创造性想象力，如果依靠逻辑推理，大家比较容易达成共识。但依靠创造性想象力，规划就会变得天马行空，出现很多可能性。因此规划往往难以达成共识，常常是一个在各种讨论、争辩、妥协、复盘中反复的过程。

做规划的过程是一个面向未来做决策的过程。如上一章所讲，这种决策面对的最大的问题就是信息不足，特别考验参与规划的人的思维水平。信息不足，思维来补。在做规划的过程中，你会越来越熟悉参与规划的每个人的思维方式。尽管最终只能有一种决策的成果形成书面文件，但一旦在执行中发现此路不通就要检讨原来的思维方式在哪里出了问题，这样不仅可以修正路线规划，还可以修正原来的思维方式。同样，你也会发现原来被否决的一些思维方式，其实有很多可取之处。两相结合，迭代思维方式，会越来越有利于决策者在未来做出更多科学的规划。

所以我们在倾听别人的路线规划时，不要着急听他的结论，而先要关注他是基于什么事实和数据，以及采用什么样的思维方式得出的这个结论。许多结论不到市场中验证，压根无从知晓是否可靠。而通过验证来迭代思维方式，肯定可靠。这就是艾森豪威尔所说的"做规划就是一切"的要义所在。

这本书讲执行力，但关于决定性点，可以从战略角度多论述一些。切记，你可以把竞争对手规划的决定性点作为参考，但绝不可以照抄成自己的决定性点。

一般来讲，能成为决定性点的，一方面因为"在车水马龙的大路旁"，一方面也因为规划者夺取这个决定性点有相对优势，甚至是绝对优势。如果竞争对手提前做好了决定性点的布局，你要依葫芦画瓢完全照搬，就意味着从开始就决定了在许多决定性点的争夺上必然会消耗掉很多有生力量。

避竞争对手锋芒，需要注意两点：一点是通过规划自己的路线来确定决定性点，另一点是自己在这个决定性点是否有相对优势甚至绝对优势。

这就叫作你打你的，我打我的。规划路线的目的是这条路真能走得通，而不是非要和这条路上本来跑着的大车比快慢。

跳级容易摔跟头

上一节我们讲过，路线规划有很多可能性，比如关于渠道的路线规划。但不是所有企业都会关心这样的路线，对一些长期服务少数大客户的企业来说，渠道的路线规划意义就不大。同样，一个企业很重视的传播路线规划，对另一个企业来说可能就不太重要。什么样的路线是最关键的？这还要看企业所处的赛道，以及它在这个市场中所处的位置。

但是有一条路线，无论什么样的企业都一定会关注，这就是增长路线，对个人来说就是成长路线。为什么呢？因为没有谁能逃离时间，所有的事情都会在时间中发生。无论是企业的增长，还是个人的成长，都要基于时间的流逝做路线规划。

关于这种路线规划，有一个非常有力的工具，就是增长飞轮（对个人来说就是成长飞轮）。

一提到增长飞轮，很多人就会想到贝佐斯的亚马逊增长飞轮（见图 4-2 ）。

我先给大家简述一下亚马逊增长飞轮的意义。

在亚马逊增长飞轮里有两条主线，一条关于成本，一条关于选品。这两条主线融会在客户体验的这一决定性点，并最终形成一个正循环体系。

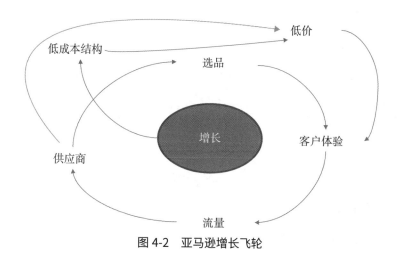

图 4-2　亚马逊增长飞轮

简单说来，亚马逊要生存和发展，就要吸引足够多的消费者，提升平台的关注度。如果有更多的消费者肯在亚马逊消费，那么亚马逊就能吸引更多优质商家入驻。

但问题来了，怎么吸引更多的消费者关注亚马逊？怎么让消费者更愿意在亚马逊上消费呢？这个核心就是客户体验要好。

零售业的客户体验，可以精炼为 4 个字：多、快、好、省。而在亚马逊的增长飞轮里，至少体现了多、好和省。

先说"省"，亚马逊一直推崇低成本运营，所以对大多数品类来说，尤其是抓手品类，绝对要最大幅度让利给消费者，因为消费者对"省"这件事情的体验是最直观的。

再说"多"和"好"。有好的供应商，才能保证商品的品质。商品的品质足够好，价格又很实惠，消费者就愿意在亚马逊消费。商家感受到在亚马逊做销售很有效果，就会选择入驻亚马逊，而亚马逊会对商家进行精选，防止劣币驱逐良币。入驻的商家越多，可选的商品范围就越大，且每一件商品，亚马逊都会直观呈现不同商家的不同报价，并且呈现之前消费者对这些商品和商家的评价，让消费者自己做选择。这样消费者就可以在多、好、省之间找到一个属于自己的平衡点，从而拥有更好的个性化体验。久而久之，亚马逊就牢牢锁住了消费者，继而锁住了优质的商家。

要把这个增长飞轮转起来，**关键在于兑现对利益相关方的承诺。**

增长飞轮上写的决定性点，在现实中一定要兑现，不能只是停留在纸面的逻辑上。比如，当初亚马逊坚持保留所有消费者对商品和商家的评价，包括差评，在公司内部引起了争论。如果一件商品后面跟着的是差评，评分又不高，那显然它被卖出去的概率就会降低，至少从短期看是会影响到销售的。

对这种两难的问题要怎样做决策？还记得我们前面谈到的原则吗？每个公司都应该有就"应不应该做某事"达成共识的原则，亚马逊的原则之一就是消费者至上，凡是损害消费者利益，破坏客户体验的事情就不应该做。

如果去掉差评，短期内看似维护了商家的利益，也似乎维护了亚马逊的利益。但从长期来看，这样做剥夺了消费者的知情权，而消费者一旦感到被欺骗，就不会再来亚马逊消费了。显然，这对消费者、商家和亚马逊来说都是一种损害。所以亚马逊最终的决策是把消费者的评价都放出来，包括那些差评，只有这样，亚马逊的增长飞轮才能真正转起来。

这个增长飞轮在前期会遇到鸡生蛋、蛋生鸡的问题，所以要有耐心地转，先转小圈，小圈跑通后再一点一点地扩大半径，最后转到大圈。

在讲高德纳技术成熟度曲线模型时，我们提到"阶段"这种思维方式非常重要。事物的发展从来都是由小到大，由不成熟变成熟的。就像人一样，一生要经历婴儿、幼儿、童年、少年、青年、中年和老年这几个阶段。人生每个阶段的主题都不一样，要实现的目标和解决的问题也不一样。不能把某个阶段处理问题的方式生搬硬套到另外一个阶段，所以划分阶段非常重要。

增长飞轮从小圈开始转起，一圈一圈扩大半径。有的时候，我们可以预先把扩圈的阶段规划出来，但更多时候由于面对的是不良结构问题，在扩圈的过程中边绕圈，边找下一个阶段可能的方向。但切记，不要好高骛远，上来就转大圈。

延伸阅读　WebVan 的野心与失败

大家是否知道几乎和亚马逊同时期起步的还有一家电商公司，叫WebVan。你很少听到这家公司，因为它在 21 世纪初互联网泡沫的时候，就已经淹没在历史的洪流里了。

你可能认为 WebVan 起步时实力不如亚马逊。这你可就错了，

WebVan 拥有一支特别豪华的创业团队，而且融资到了相当多的资金，早期舆论对它呼声也很高，不过最终它还是被淘汰了。

原因之一，就是它开始就想转大圈，上来就做生鲜电商。

为什么 WebVan 有这么大的野心呢？因为 WebVan 纯粹是从商业回报来推算的，认为生鲜电商肯定是好生意。试想，我们不一定天天买书、买音像、数码产品、买衣服，但每个家庭每天都要买米、买菜、买肉、买水果，这些都是很高频的行为，用户基数大，而且绝对是刚需。

WebVan 的推算没有错，如今生鲜电商确实很普及了。但在 20 世纪末 21 世纪初，互联网才刚刚普及，移动互联网还没有见到身影，网民的数量也不如今天大，许多人对线上消费还存有疑虑。此外，生鲜产品对仓储物流的技术条件要求极高，如果每天销售量达不到一定的数量，高昂的运营成本就会变成吞噬公司资金的黑洞。

WebVan 没有做好路线规划，超前发展转大圈，最终惨败。

贝佐斯做了仔细的规划，选择图书音像产品作为切入品类，先转亚马逊增长飞轮的小圈。

为什么选择图书音像产品作为切入品类呢？首先我们要清楚当时的大背景，20 世纪 90 年代万维网刚刚普及，网民数量远不如今天，人们在线上消费的习惯还没有被培养起来。

贝佐斯选择图书音像产品有三个原因：第一个原因是它们的价格不算太高，降低了网上消费者的信任成本；第二个原因是图书音像产品比较能避免预期差带来的退换货；第三个原因是图书音像产品比较容易存储和运输，运营成本比较可控。下面，我们来重点解释第二个原因。

网民在网上购物时看到的是屏幕上显示出的照片和信息，由此形成的预期和拿到实物以后真实的感受容易有预期差。服装就经常遇到这个问题，显示器显示的色彩大多有偏差，所以网上看到的服装，其颜色和质感与真实拿到的产品有比较大的出入，会造成退换货。但图书音像产品不一样，买书的大多数人需要的是书的内容，而不是纸张的质感；买音像的人在乎的是里面的音乐，而不是那张光盘。图书和音像产品比较容易控制住用户的预期差，这在电商萌芽阶段，对培养用户至关重要。

图书和音像产品还有一个特点，就是品类之间相互替代性很差。如果你走进一个餐馆，想吃羊肉，餐馆遗憾地告诉你没有羊肉，不过还有一道美味的牛肉，大多数人会接受牛肉来替代羊肉。但如果你走进书店，想买一本英文词典，营业员遗憾地告诉你，暂时没有英文词典销售，中文词典你要不要，你大半会拒绝。

正是因为图书音像产品的品类之间相互替代性比较差，所以图书音像产品的品类特别丰富。类似当当这样的网上书店，图书的品类可以达到上百万个。试想一下，一个线下书店要把这些品类都放进去，需要多大的营业空间呢？就算有这样的超级书店，你要到里面去找一本想要的书，没有联网计算机的帮助，仅仅只是找书的过程就会消耗掉你大量的时间。所以图书音像产品天然就和电子商务有结合点，在电商网站上，你可以通过搜索或者导航，快速从海量的产品库中找到你想要的产品，根本不需要担心它因过于冷门，而被藏在了一个很不起眼的角落。

总之，贝佐斯选择了一个很好的切入品类——图书音像产品，把亚马逊增长飞轮的小圈先转起来了。亚马逊什么时候开始做生鲜生意的呢？2007年。此时亚马逊已经创立 12 年了。

可即便这样，亚马逊在生鲜领域也是一个阶段一个阶段推进的。

增长飞轮在扩圈的过程中，还会带来意想不到的惊喜。随着亚马逊越做越大，亚马逊开始开发亚马逊云来升级自己的服务。最开始亚马逊云的团队还不到 10 个人，随着亚马逊云应用得越来越多，亚马逊发现这项服务可以开放给更多的商家，包括那些目前还没有入驻亚马逊的商家，于是亚马逊云变成一项越来越重要的服务。今天亚马逊云在亚马逊营收中占的比重越来越大。这当然不是贝佐斯刚创建亚马逊时就预见到的。

我不太赞成企业家精神就是冒险这一说法，我认为企业家精神应该是善于经营风险。在企业增长的过程当中，企业家既要防止冒进，又要防止保守，但最主要是防止冒进。只有脚踏实地地执行，才能成就伟大的企业。

审视商业系统变迁的底层逻辑

商业增长有路径，长期来看，路径是分阶段的，不同阶段要解决的主要矛盾各不相同。对大的阶段，甚至可能是一个商业系统的变迁，下面要探讨的是商业系统变迁的底层逻辑。

打造飞轮七步法

飞轮模型最早是吉姆·柯林斯（Jim Collins）提出来的。大家可以读读他的《从优秀到卓越》，从优秀到卓越的过程就是飞轮转圈的过程。后来柯林斯又写了一本《飞轮效应》，专门对飞轮模型做了很深入的阐述。

在《飞轮效应》里，柯林斯提出了打造飞轮七步法（见图4-3）。

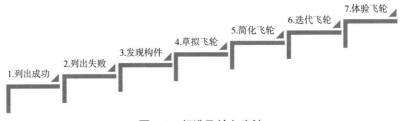

图 4-3　打造飞轮七步法

画出一个企业的飞轮模型，最关键的是要找出飞轮的构成要素。构成要素不是越多越好，按照柯林斯的说法，构成要素控制在 4~6 个就很棒了。一个飞轮的构成要素太多，说明构思飞轮的人还没有把主要矛盾想清楚，没有找出构成飞轮的关键要素。

怎么找出关键要素呢？柯林斯认为，先要总结过去做的成功的事。成功的事里必然包含构成飞轮的关键要素，不过成功也夹杂着太多其他因素，比如运气。所以单看成功的事还不够，还得看失败的事——失败的事说明构成飞轮的一些关键要素缺失了，所以才会导致失败。对比成败两个方面的要素看，就比较容易找出构成飞轮的关键要素。

把柯林斯的飞轮模型放到更大的背景里去看，它就是系统思维里的增强回路和调节回路。

前面我们已经简单介绍过系统，系统有三个构成部分：要素、连接以及功能和目标。系统的连接会形成回路，典型的有两种：一种叫增强回路，一种叫调节回路。

所谓增强回路，就是形成回路的连接产生了正循环放大效应。比如电商平台，消费者越多，交易量就越大。交易量越大，就会吸引越多的商家。商家越多，商品就越多，消费者可选择的范围就越大，而且更容易比价，交易就更容易产生。如此形成一个循环，就会推动电商平台爆发式增长。

但这只是一个理想状态，连接里面可能也存在调节回路，或者说负循环。比如商家增多，商品的数量确实增多了，但商家良莠不齐，平台上销售的商品质量也良莠不齐。一旦在平台上买到假冒伪劣商品的概率增大，消费者就可能不再来这个平台购物了。消费者流失，假冒伪劣商品又以低价冲击质量好的商品，就会造成优质商家的流失。如此多次形成的恶性循环，将最终导致平台的利益受损。

所以很多电商平台，后来都做了商业模式的升级，严格挑选商家，采用信用评分机制等来衡量商家产品和服务的质量等（见图4-4）。

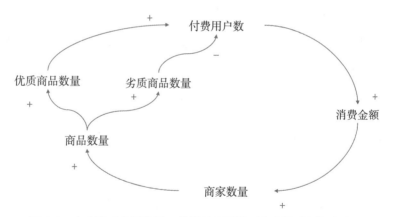

图 4-4 商业模式升级路径：从增长飞轮找到商业模式创新突破口

系统思维冰山模型

除了飞轮模型，系统思维里还有一个冰山模型（见4-5）。如果说飞轮可以帮我们规划增长的进阶路线，那么这个系统思维冰山模型则可以帮助我们理解甚至规划突破性的系统变化。

图 4-5　系统思维冰山模型

任何一个事物，不是本身就是系统，就是处于系统之中。

我们周围经常发生一些变化。这些变化有些是随机发生的，有些则反映了潜在的趋势。判别观察到的具体事物发生的变化是否反映了潜在的趋势，可以采用氢原子自创的一个小工具——趋势判别图（见图 4-6）。

这个趋势判别图用两个维度——变化发生的密集度以及变化发生概率，把变化背后潜藏的趋势分为了 4 个象限。

变化发生的趋势最强的是标号为 A 的这个象限。举个简单例子，20 世纪 20 年代末至 30 年代初，美国发生了经济大萧条。许多金融家在这次经济大萧条中损失惨重，包括巴菲特十分尊敬的老师格雷厄姆也未能幸免。但有少数金融家预见了这次危机，逃过了一劫。

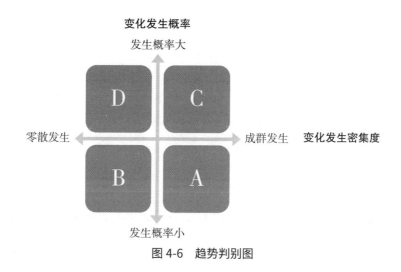

图 4-6 趋势判别图

其中一位金融家发现了一个不寻常的现象：街头巷尾的小商小贩都在讨论买股票这件事。股票投资是比较专业的事，也是资金有富裕的人才热衷的事，小商小贩讨论买股票的概率本来很小，但现在却随处可见。他发现，理发店里面的理发师在讨论股票，饭馆里端盘子的服务员在讨论，甚至连路边擦皮鞋的小孩子也在讨论，这种本来应该小概率发生的事情开始成群地出现。

由此，这位金融家认为股票市场陷入了过热、泡沫很大的情形中，已经处于快要崩盘的边缘了。于是，他赶快回到办公室，抛售了手里的股票。也正是得益于对趋势的准确判断，他逃过一劫。

相对于 A 象限，B 象限变化发生的趋势就要弱一些。中国有个成语"一叶知秋"，大概的意思是，如果你看到树上有片枯黄的叶子掉落下来，那可能是秋天就快来了。大多数常见的植物会遵循这个规律，但也有少数植物不是这样的，比如夏枯草。如果看到夏枯草枯黄的叶子，就判断秋天快来了，会闹笑话。

C 象限和 D 象限因为变化发生的概率本来就比较大，所以出现变化也不足为奇。但要特别留意 C 象限，如果一些大概率发生的变化出现的密集度超过平常，也可能反映了一种新趋势。比如动物搬家是很常见的事情，但如果看见成群的动物都在搬家，要想想这是不是地震的征兆。

总之，通过系统思维冰山模型，我们首先要留意可见的具体事情的变化，再判别这个变化背后是不是存在着某种趋势。

如果真的存在趋势，那十有八九是由系统结构的变化引发的。这时我们就要考察系统结构究竟发生了什么变化，找出趋势之所以存在的深层次原因。

我记得网上有一阵子曾经流行过一个对比。有网友上传了伦敦地铁车厢里的实拍场景，很多乘客都在读书读报，与之形成鲜明对比的是中国地铁里的乘客都在玩手机，于是这个网友得出一个草率的结论——英国人比中国人更爱学习。

但探究这一现象背后的深层次原因，答案很简单，在那位网友实拍伦敦地铁车厢里的场景时，车厢里还没有移动互联网信号。倒回到中国地铁里没有移动互联网信号的时代，大家一样在地铁车厢里读书看报。如果不注意系统结构的这个变化，你就容易做出错误的趋势判断。

再深入一个层次，你要看人们的心智模式是否支撑系统结构的这个变化（见图 4-7）。

比如为什么移动互联网出现在地铁车厢里以后，人们就不爱读书看报了呢？严格来说，移动互联网和手机并不妨碍读书看报。

事实是移动互联网更适合用来打发碎片化的时间。无论是社交软件还是

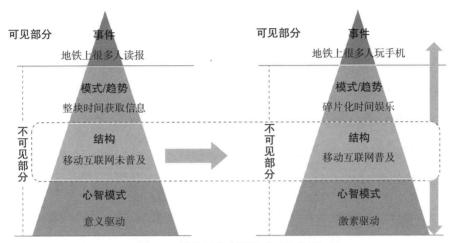

图 4-7 地铁里信息消费系统的变迁

短视频，更容易刺激人的激素分泌，让人享受多巴胺、催产素等带来的快乐。在嘈杂的地铁环境里玩手机比读书看报更适合打发碎片化的时间。

　　读书看报都是长阅读、深度阅读，比较消耗脑力，更适合在安静的环境里花整段的时间去做。话又说回来，手机同样可以读书看报。所以从心智模式来讲，地铁车厢里的人更喜欢刷手机，而不是读书看报。因此当地铁这个交通系统和移动互联网系统相遇时，人们的心智模式又更支持用移动互联网去打发碎片化时间时，就有了地铁车厢里普遍存在的刷手机的行为。

　　以上对系统思维冰山模型做了一个概述，但这个模型更大的用处是解释甚至规划系统变迁。

　　在我们讲的地铁的例子里，信息消费系统的变迁首先是从结构开始的，也就是从移动互联网铺进了地铁车厢里这个结构变化开始，再带动系统其他层次变化，最终实现系统的变迁。

系统变迁

但系统变迁同样可以从其他层次开始。

"四面楚歌"这一成语讲述的故事反映了系统变迁的另一种模式。

我们前面讲过刘邦和项羽的故事。讲到了刘邦如何拉拢韩信，最后靠韩信把项羽围在垓下，双方准备打最后的决战。

这个时候项羽虽然缺兵少粮，但留在他身边的，都是他从楚地带来的子弟兵，多年跟着他出生入死，对他忠心耿耿。韩信如果贸然与项羽硬碰硬，即便最后消灭了项羽的部队，也要付出不菲的代价。

韩信决定，攻心为上——要想漂亮地打赢这一仗，先从改变士兵们的心智模式开始。

于是一到晚上，韩信就安排人到项羽的营地周围唱楚地民歌。项羽的部队本来就已经精疲力竭，全凭一口气硬撑着。夜深人静的时候，突然听到家乡熟悉的歌声，思念家乡的心思就起来了，士兵们思念远在家乡的父母妻儿。还会想到这么多人唱楚歌，难不成刘邦已经攻占了楚地？如果楚地被攻占，我的父母妻儿的命运又如何呢？

这歌听着听着，项羽的士兵们硬撑着的最后一口气也散了，他们大多丧失斗志，无心恋战，一时之间逃兵多了不少。最终的结果是项羽带着八百勇士突围，一路血战，跑到乌江边的时候，项羽自己都没有了斗志，觉得无颜再见江东父老，在乌江边自刎。

这就是通过心智模式的改变，瓦解了一支本来战斗力很强的军队。

大多数公司的执行能建立起我们前面说的飞轮模型,从小圈转到大圈,就已经非常优秀了。量变引发质变,飞轮同样可以发生变迁,就像亚马逊后来推出 Prime 会员制、亚马逊云、IoT 平台等一样,所以这两个工具要结合起来用——平时只做量的积累,关键时刻要把握住质的飞跃的机会。

飞轮转起来取得的成果可以是渐进式的,在时机成熟的时候也可以是突破式的。

采用系统思维冰山模型,我们还可以审视数字化转型进程中公司执行体系的变化(见图 4-8)。

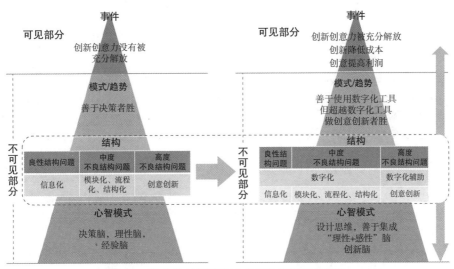

图 4-8 数字化转型进程中公司执行体系的变化

数字化执行力体系也是从结构这个部分开始变化的。最显著的特征是在遇到中度不良结构问题时,传统企业主要靠堆砌人力来解决这类问题。有部分做得不错的企业已经建立了模块化、流程化、结构化的执行体系。

在数字化转型的大背景下，这类问题会越来越多地交给数字化去解决，而数字化会反过来进一步促进企业执行体系的模块化、流程化和结构化。

对于高度不良结构问题，数字化还不能完全独立地实现创意创新，但在辅助创意创新上发挥的作用将越来越大。所以我们有理由认为，未来公司里领导梯队处于上层的，无论是管理方向还是专业方向，都是驾驭数据、超越数据，善于借助数字化工具辅助解决高度不良结构问题，不断提出创意创新的人才。这个趋势在今天推进数字化转型的公司的组织结构各类人才比重的变化上，已经表现得相当明显了。

这类人才很善于"全脑"工作，比如他们拥有丰富的技术工程背景知识和经验，也有相当发达的右脑，善于在发散中发挥创造性想象力，捕捉灵感。这明显体现在狭义的设计领域——比如平面设计、工业设计等，以至于人们误把设计思维等同于设计。但设计思维的实际应用范围远远超过这个范畴。

想想乔布斯，你大致就可以勾勒出这类人才的形象了。第一，他要对所做的事业抱有极大的激情；第二，他既有技术工程背景，又对解决方案中的人文要素抱有极致的追求。就像我们说过的，乔布斯在里德学院旁听的书法课，对后来麦金塔交互界面用户感受提升的影响一样。

结语
善战者无赫赫之功

我们都知道扁鹊是名垂青史的神医，但很多人不知道的是，真正的神医是他大哥二哥，尤其是他大哥，很善于治未病。

所谓未病，是指潜在的大病，刚刚露出一点小苗头。发现未病其实需要很高明的医术，但因为刚刚露出小苗头，所以病很容易治好。也因为它容易治好，所以大家就不觉得能治这样的病的医生有什么高明之处。扁鹊的大哥就是这样的医生，虽然医术高明，免去了病人很多痛苦，也替病人节省了很多钱财，却很少有人感激他，很少有人理解他的贡献。

扁鹊之所以出名，是因为来找他的病人病情已经非常严重。治疗这样的病人成本很高，但因为治病的过程和效果谁都看得见，所以大家觉得扁鹊的医术相当高明。

经营企业也一样，如果企业把绩效考核、人才选拔的重心放在"救火"上，表面看是敬英雄、重功劳，其实是在变相地鼓励"放火"。

企业执行体系的建设不是为了救火时的奇谋妙计、焦烂之功，而是追求

《孙子兵法》开篇就强调的"胜算",从执行体系建设上杜绝"火患"的出现。正所谓"善医者无煌煌之名,善战者无赫赫之功,善弈者通盘无妙手",这才是执行力的精髓!

良性结构问题，中度不良结构问题和高度不良结构问题　良性结构问题，尤其是高度结构化问题，其问题可以被清晰界定，解题过程遵循严格的逻辑推理，问题的解决可以一劳永逸。就像我们学会了一元二次方程式的通用解法，再遇到任何一元二次方程，都可以直接套用，得到想要的结果。

但公司在执行中遇到的问题大多是中度不良结构问题和高度不良结构问题。不良结构问题，尤其是高度不良结构问题，问题常常难以清晰地界定，且在解决问题的过程中，问题本身很可能发生改变。只能一边想解决方案，一边加深对问题的理解。

在执行中，公司可以采用模块化、结构化、流程化或者数字化转型的方式去应对中度不良结构问题。而解决高度不良结构问题，常常需要创新的解决方案。

答案　答案往往针对的是良性结构问题，它甚至意味着一劳永逸地解决这个问题，寻找答案的过程往往在既定的专业领域和特定范围内展开。举例来说，人们只会在数学的范围内解决数学问题，在数学和物理的范围内解决物理问题，但通常不会用莎士比亚的诗句或者弗洛伊德的心理学来解决数学问题。

解决方案　解决方案常常针对的是不良结构问题，需要设计，需要创造性想象力，需要集成，常常没有最优解，还要随着问题的演化反复做调整。人们容易在良性结构问题及其答案上达成一致，但很难就不良结构问题及其解决方案达成一致。解决方案需要群策群力，不断围绕客户体验这一中心，遵循抽象—具体—验证—迭代，再抽象—再具体—再验证—再迭代这一反复循环的模式推进。

集成　集成是解决不良结构问题时解决方案所进行的整合。解决方案所用到的工具绝对不会只限于几个专业领域，而是需要数学、物理、化学、工程学、财务等多个专业领域的知识，还要融入艺术的灵感，其本质是跨领域、跨范围的整合。

业务对象　一个系统不是看得见摸得着的实体，而是解决客户问题的前提。解决方案虽然强调发散，但任何解决方案都要有收敛的中心，这个收敛的中心围绕解决客户问题展开。不良结构问题最大的特点是问题本身飘忽不定，甚至问题本身就在发生变化。公司界定的业务对象不同，商业模式和执行力也会大不相同。

目标　目标不同于指标，它是执行者看见的（目），而不是被指派的（指）。许多公司的战略之所以执行不下去，就是缺少有效的目标管理体系，或者把指标当作目标强行下派。有效的执行必须要在战略、战役和战术三个层面建立起目标管理体系。其中战役目标具有承上启下的作用，很多公司的执行力不强，就是在这个层面缺乏有效的目标管理。

决定性点　决定性点存在于战略、战役、战术各个层面的规划中。要确定好决定性点，因为一旦战斗打响，这些决定性点很可能变成目标。而要确定决定性点，务必先做好线路规划。举个例子，有些旅馆之所以生意好，大概率是因为它开在了车水马龙的大路旁。

领导梯队　领导梯队不同于职务梯队。一些公司的总监实际上只相当于经理，而副总裁实际则相当于总监。缺乏有效的领导梯队建设，会导致公司执行体系的混乱，从开始就注定了要打败仗。界定领导梯队应该从时间、信息、职责、思维方式等多个维度透视领导层级，而不是职务层级。

路线规划　任何有效的执行都必须要做路线规划，即便在执行的过程中，这些路线会根据实际情况做调整。规划一文不值，但做规划就是一切。一个项目执行的路线规划往往不止一条，需要从诸多维度，比如天时、地利、人和等规划出各自的路线。而决定性点往往就存在于这些路线的交叉点和转折点中。不同行业的公司路线规划用的路线是不一样的，但无论什么行业的公司，从时间维度透视的增长路线规划都是必要的，飞轮模型是实现增长路线规划的有效工具之一，它的本质是系统思维里的增强回路和调节回路。

思维方式　我们做决策时，不一定拥有充足的信息，比如战略决策面向的是未来，自然不可能给我们充足的信息帮助我们做出决策。这个时候就要用思维方式补足。有时即使信息充足，比如在棋局上对手下的每一步棋，我们都看得清清楚楚，也不意味我们就能做出最好的决策来。这就需要我们有好的思维方式，这些思维方式既包括通行的如分类思维、批判性思维、结构化思维和设计思维等，也包括我们天长日久积累下来的思维模块。这些都可以帮助我们提升决策的质量。

原则　"模块"解决"怎么做"的问题，而"原则"解决"应该怎么做"的问题。无论个人还是公司，都可以在实战中不断总结原则。这样就可以加快决策过程，提升决策质量。

设计思维　解决不良结构问题，要得出解决方案，当不满足于简单的答案时就要用到设计思维。设计思维融合了多种思维方式，比如分类思维、批判性思维和创造性思维。它的难点在于有时要融合风格截然相反的思维方式，例如它倚重创造性想象力，又离不开逻辑推理。设计思维常常被用来解决不良结构问题，因此不是一个线性的过程、逻辑的过程或者结构化的过程。如解决方案词条里所言，设计思维也要不断围绕客户体验这一中心，遵循抽象—具体—验证—迭代，再抽象—再具体—再验证—再迭代这一循环反复的模式推进。

参考文献

1. 德鲁克. 卓有成效的管理者 [M]. 辛弘, 译. 北京: 机械工业出版社, 2022.

2. 德鲁克. 管理的实践 [M]. 齐若兰, 译. 北京: 机械工业出版社, 2022.

3. 德鲁克. 知识社会 [M]. 赵巍, 译. 北京: 机械工业出版社, 2021.

4. 柯林斯. 从优秀到卓越 [M]. 俞利军, 译. 北京: 中信出版社, 2019.

5. 柯林斯. 飞轮效应 [M]. 李祖滨, 译. 北京: 中信出版社, 2019.

6. 查兰, 德罗特, 诺埃尔. 领导梯队: 全面打造领导力的驱动型公司 (原书第 2 版) [M]. 徐中, 林嵩, 雷静, 译. 北京: 机械工业出版社, 2021.

7. 博西迪, 查兰, 伯克. 执行: 如何完成任务的学问 [M]. 刘祥亚, 等译. 北京: 机械工业出版社, 2021.

8. 卡普兰, 诺顿. 平衡计分卡: 化战略为行动 [M]. 刘俊勇, 孙薇, 译. 广州: 广东经济出版社有限公司, 2013.

9. 斯蒂克多恩，霍梅斯 . 这才是服务设计 [M]. 吴海星，译 . 北京：人民邮电出版社，2022.

10. 古森重隆 . 灵魂经营：富士胶片的二次创业神话 [M]. 栾殿武，译 . 成都：四川人民出版社，2017.

11. 罗蓓 . 化繁为简：用简单分类解决复杂问题 [M]. 北京：西苑出版社，2022.

12. 艾利克森，普尔 . 刻意练习 [M]. 王正林，译 . 北京：机械工业出版社，2016.

13. 达利欧 . 原则 [M]. 刘波，綦相，译 . 北京：中信出版社，2018.

14. SIMON. The Structure of Ill Structured Problems[J]. Artificial Intelligence，4(3)，181–201.

15. 江波户哲夫，盛田昭夫 . 日本制造精神是这样创造的 [M]. 马英萍，译 . 上海：东方出版社，2010.